SOU GRATO A DEUS, NOSSO PAI POR TUDO.
ACREDITO QUE O SENTIDO DA VIDA É DAR SENTIDO
A OUTRAS VIDAS COMO A SUA. VOCÊ É E DÁ
SENTIDO A MINHA.

TE AMO

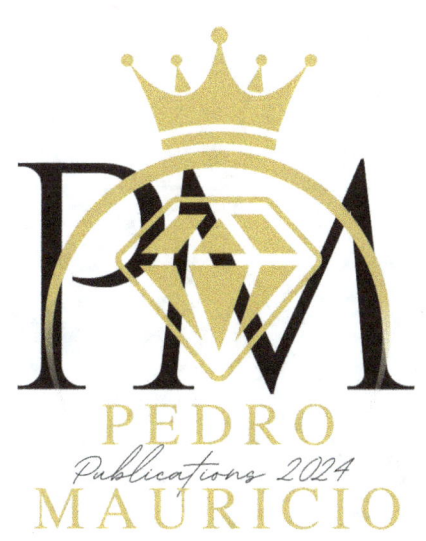

PEDRO
Publications 2024
MAURICIO

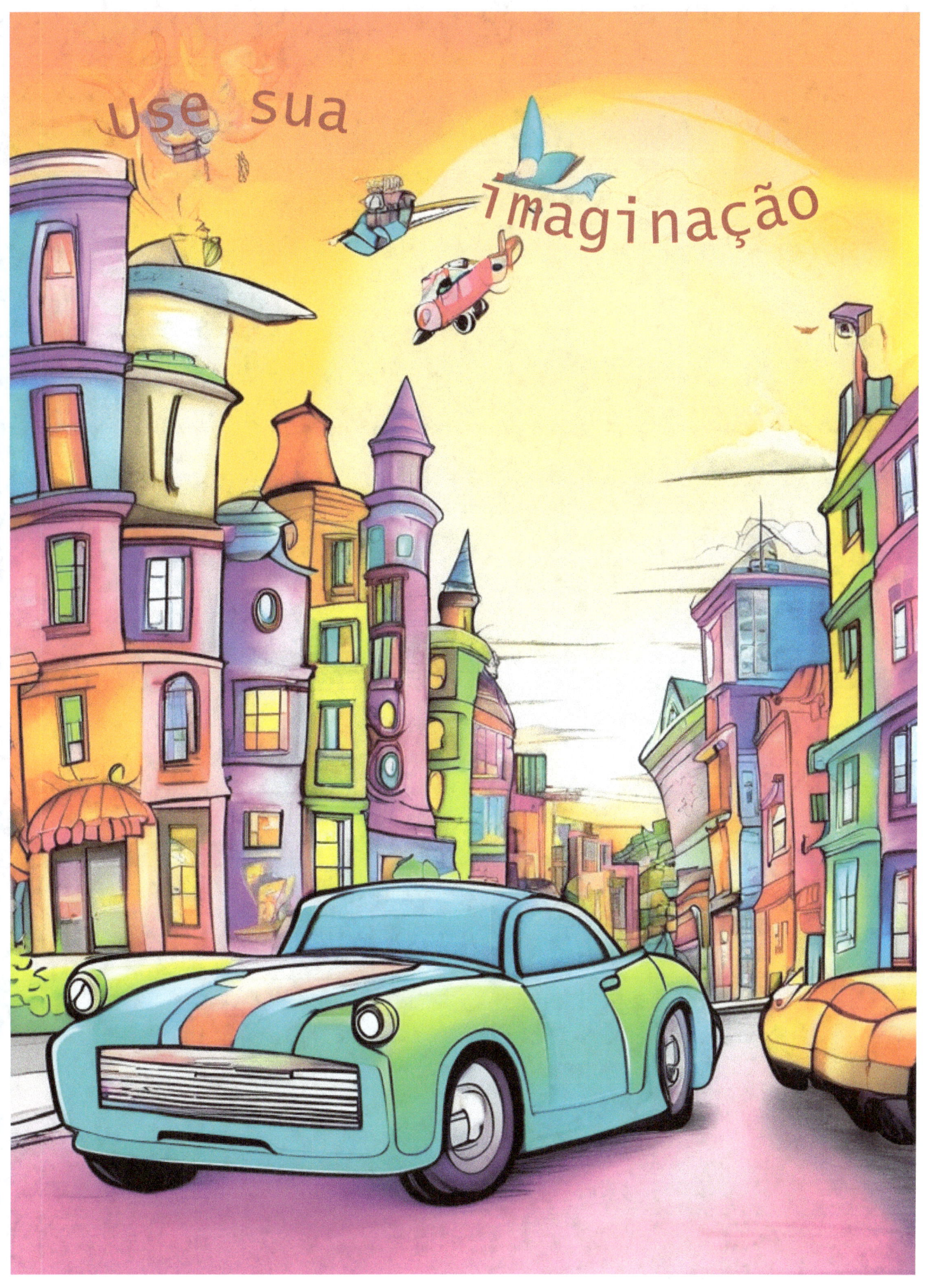

Este livro pertence:

_____

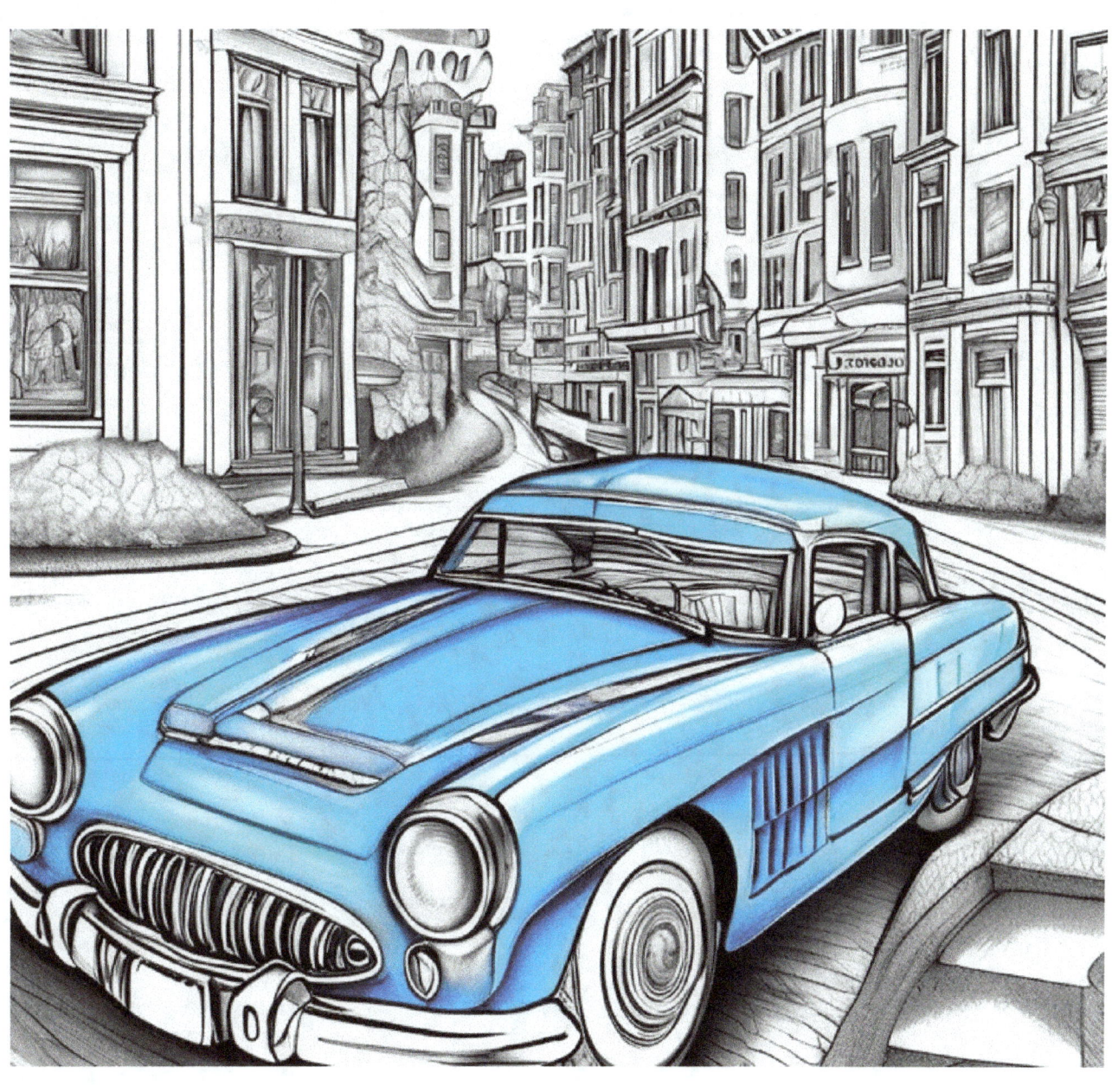

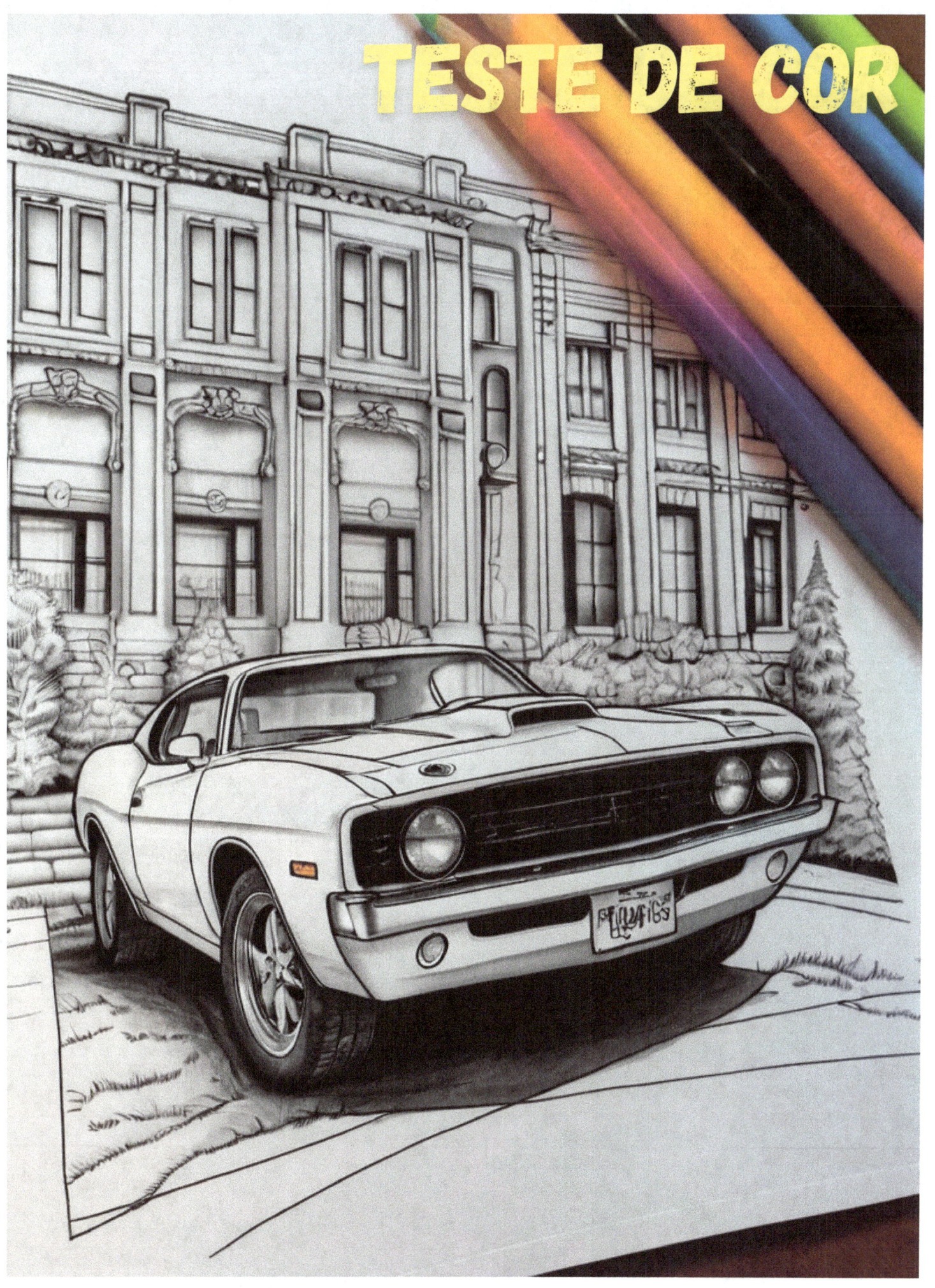

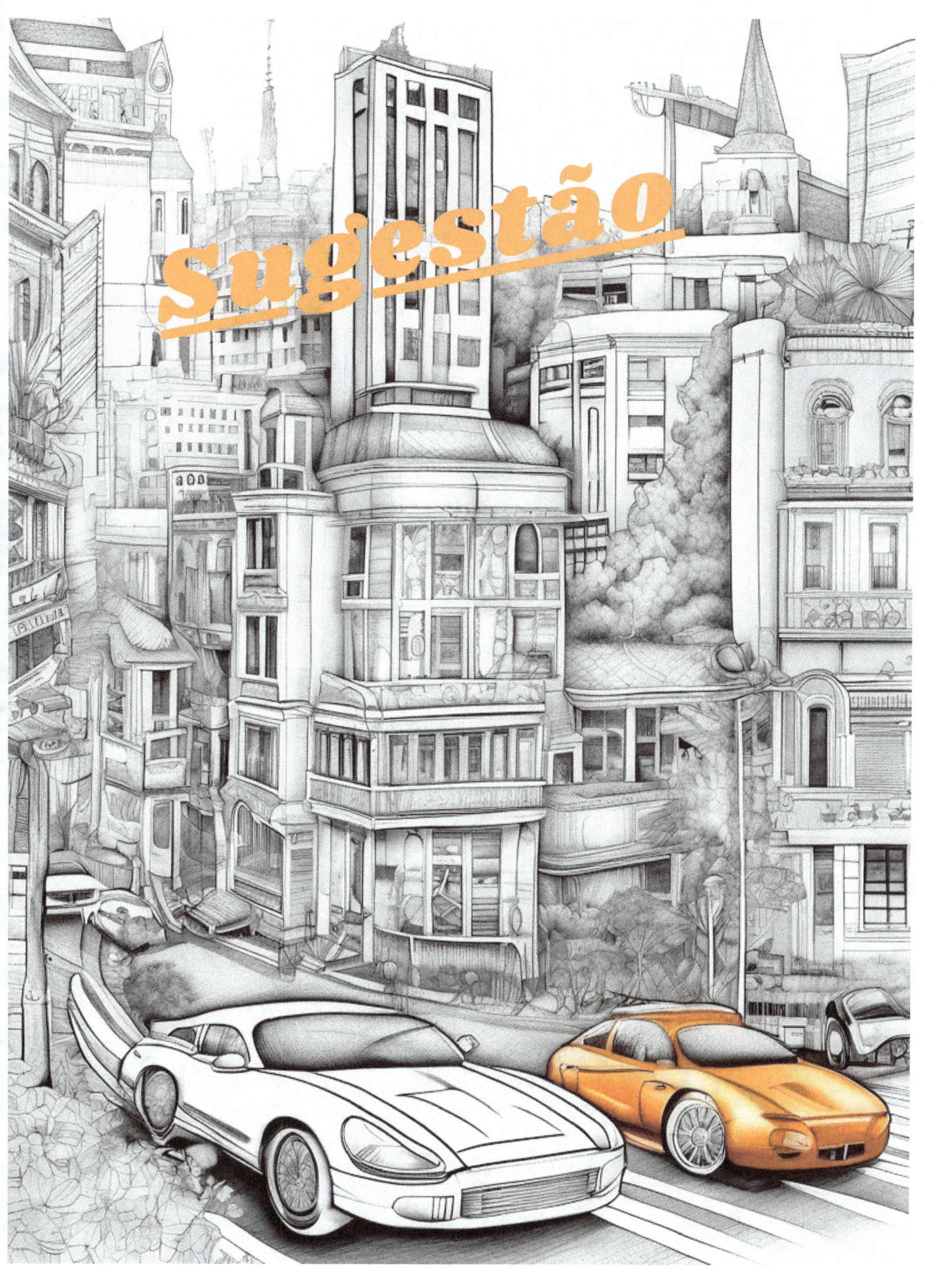

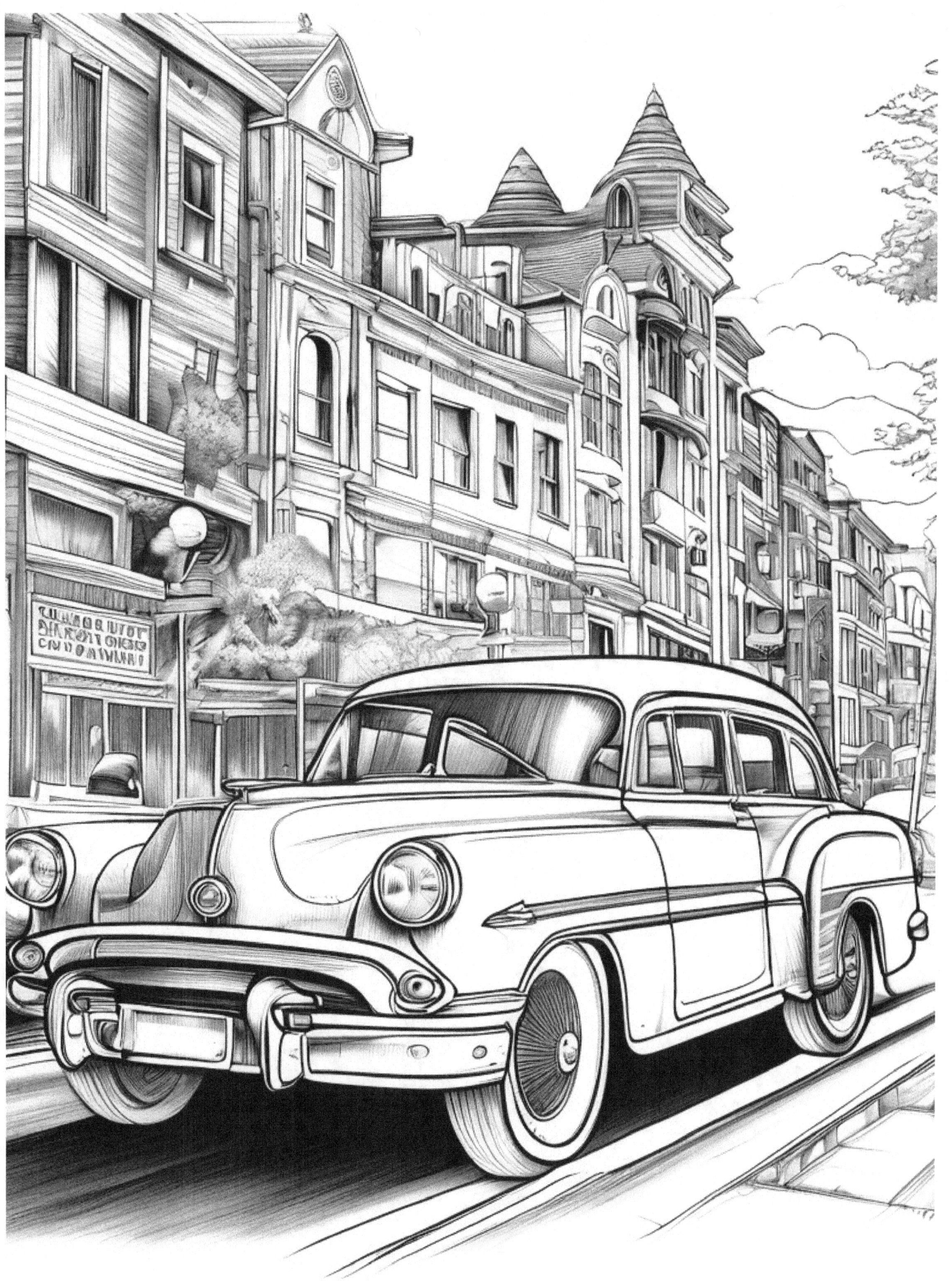

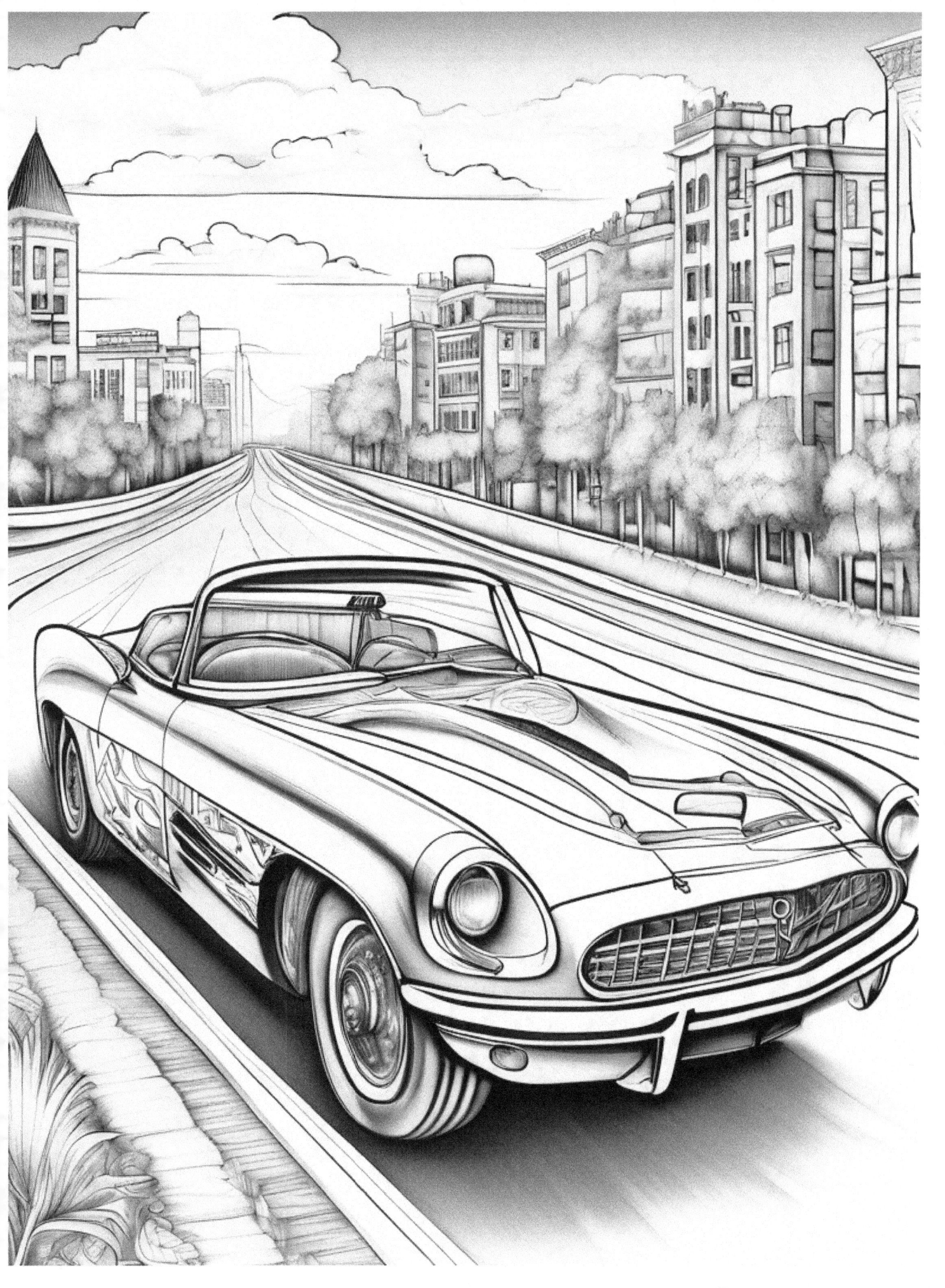

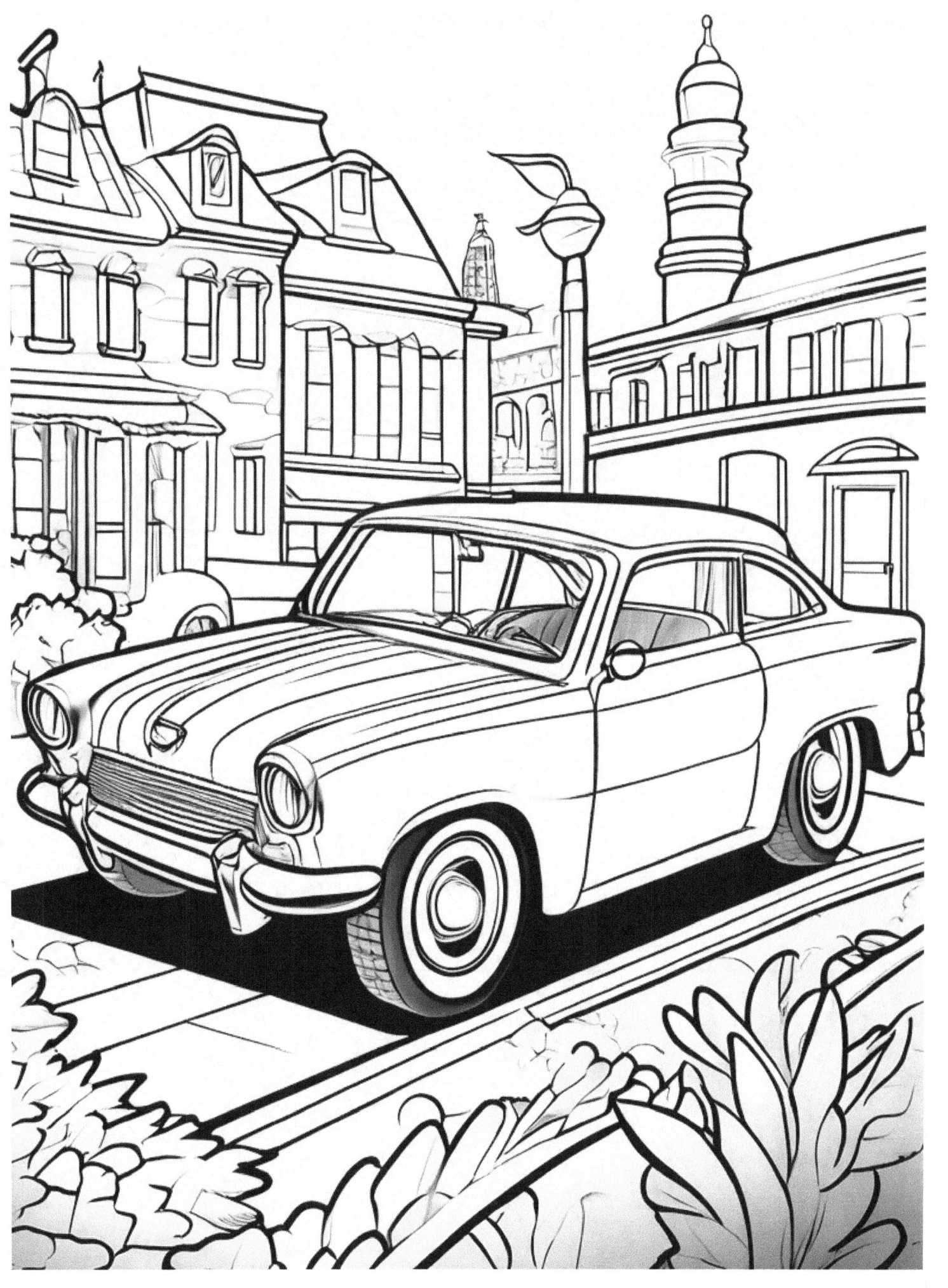

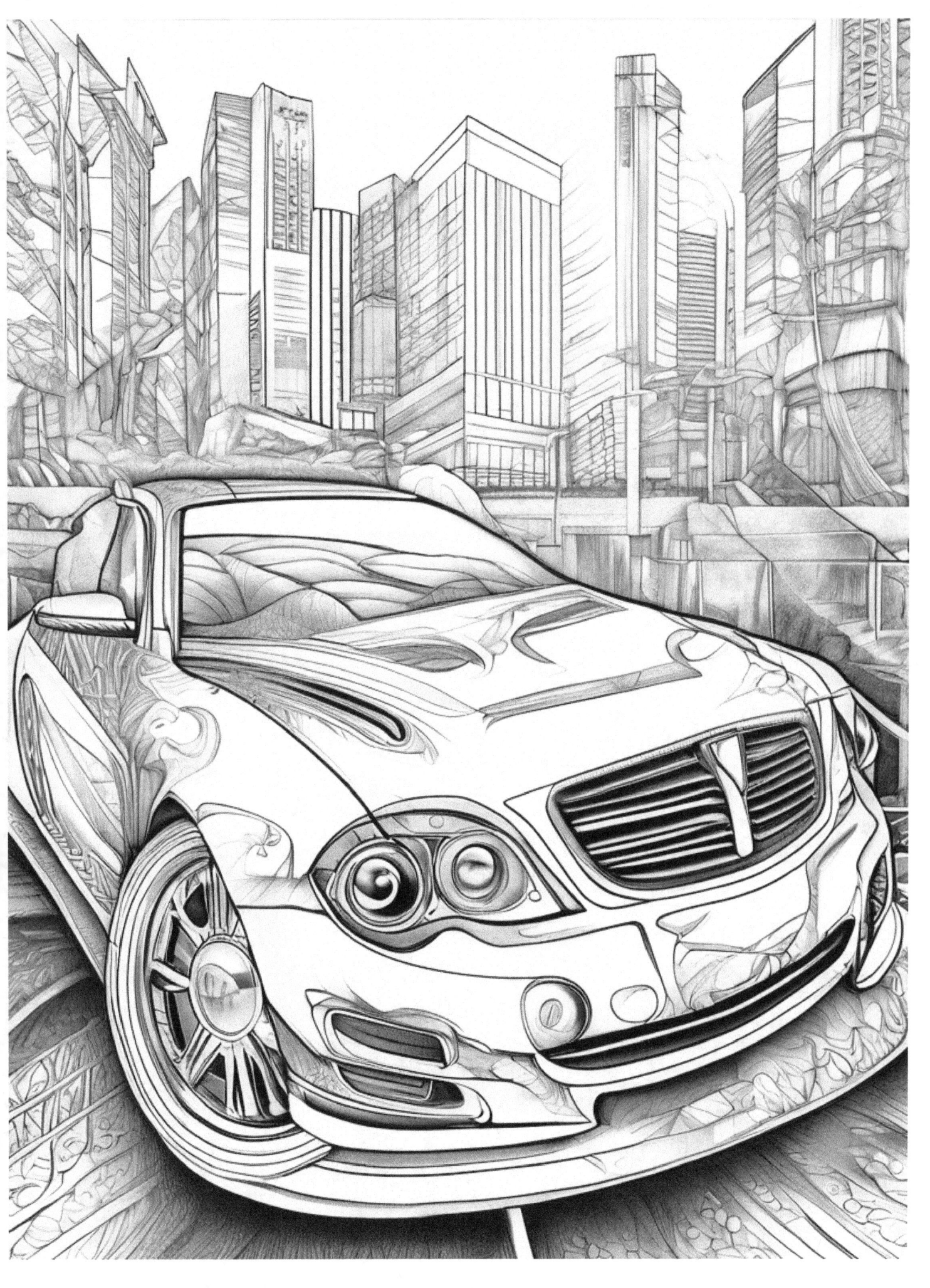

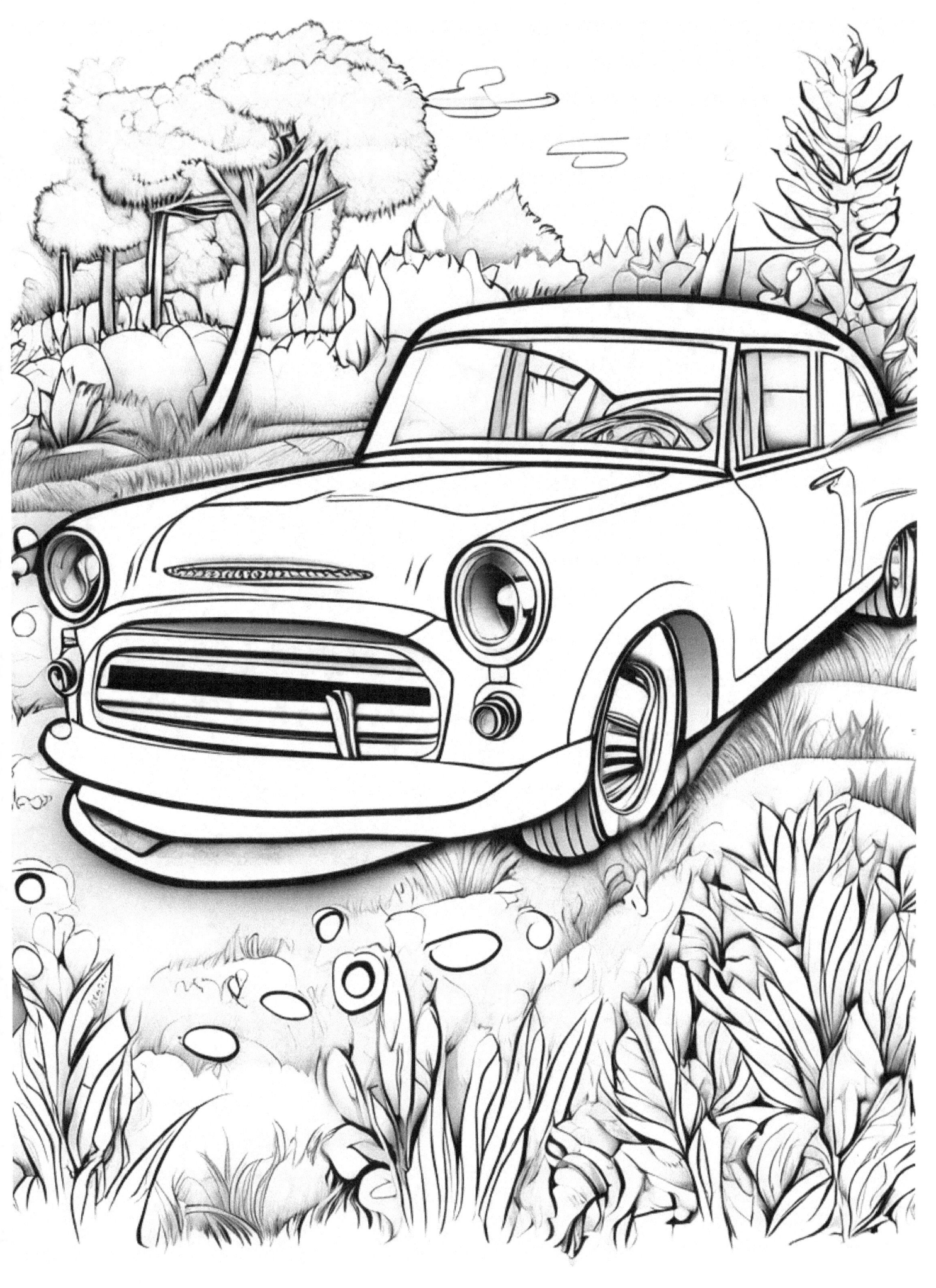

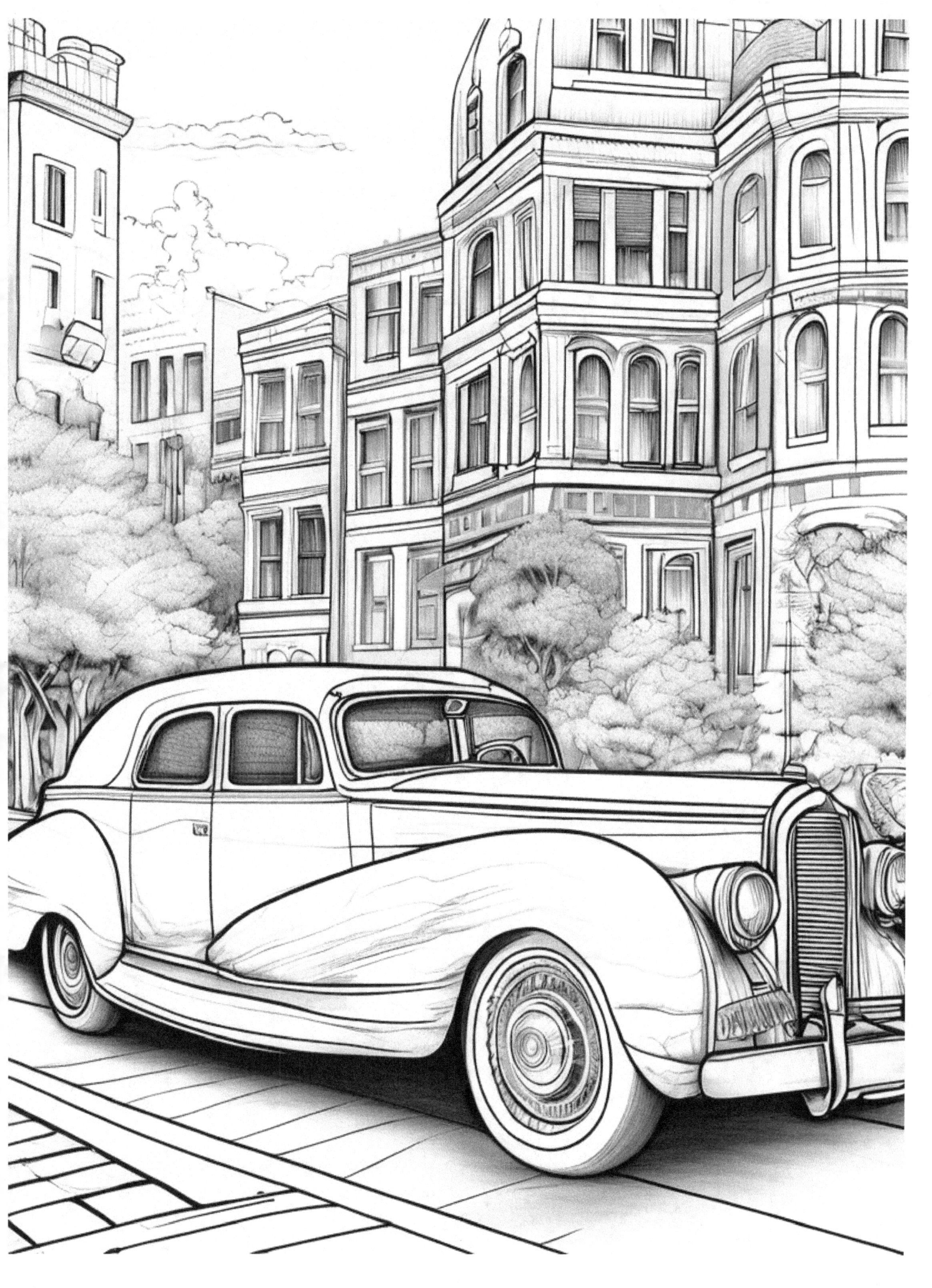

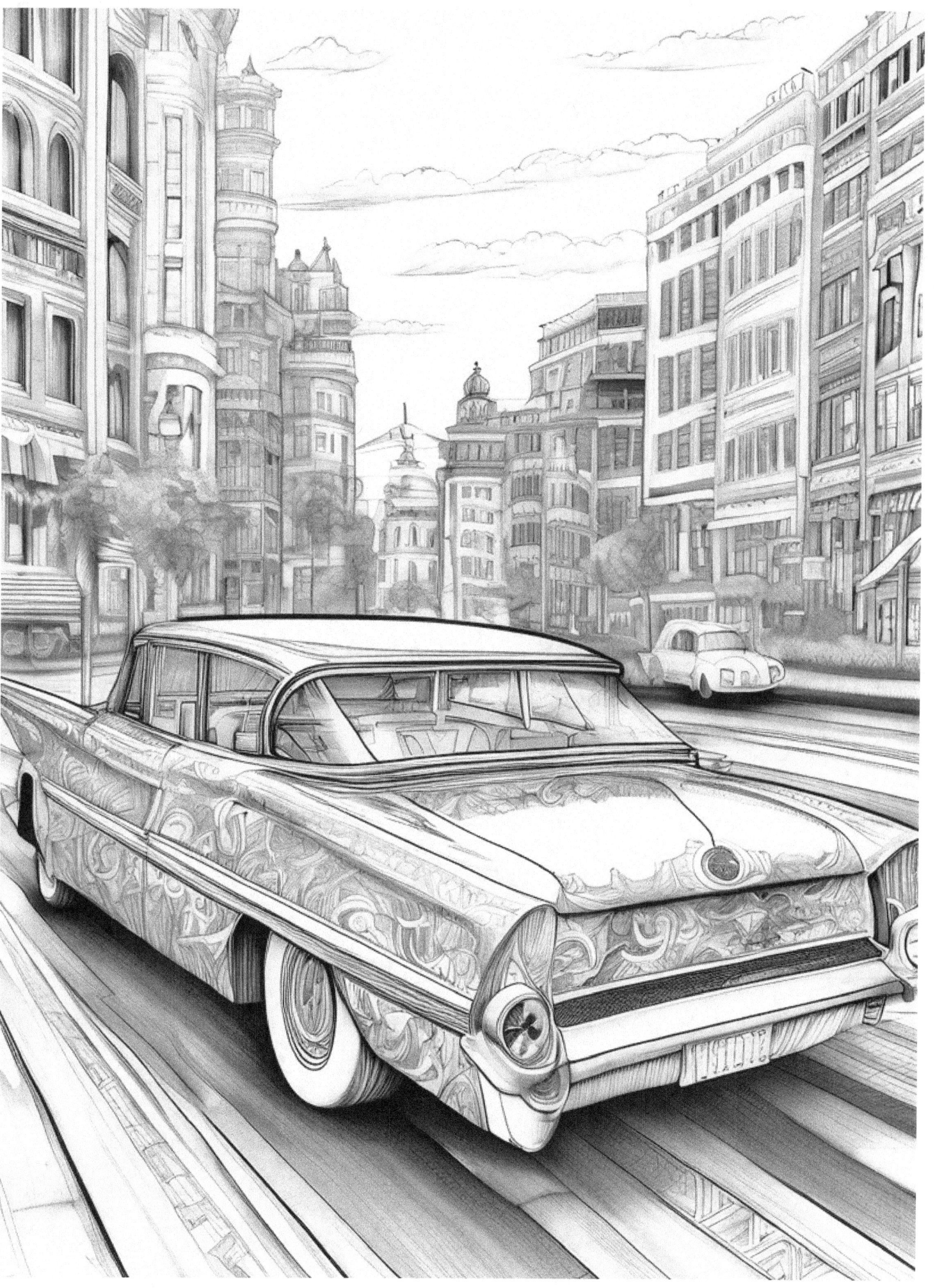

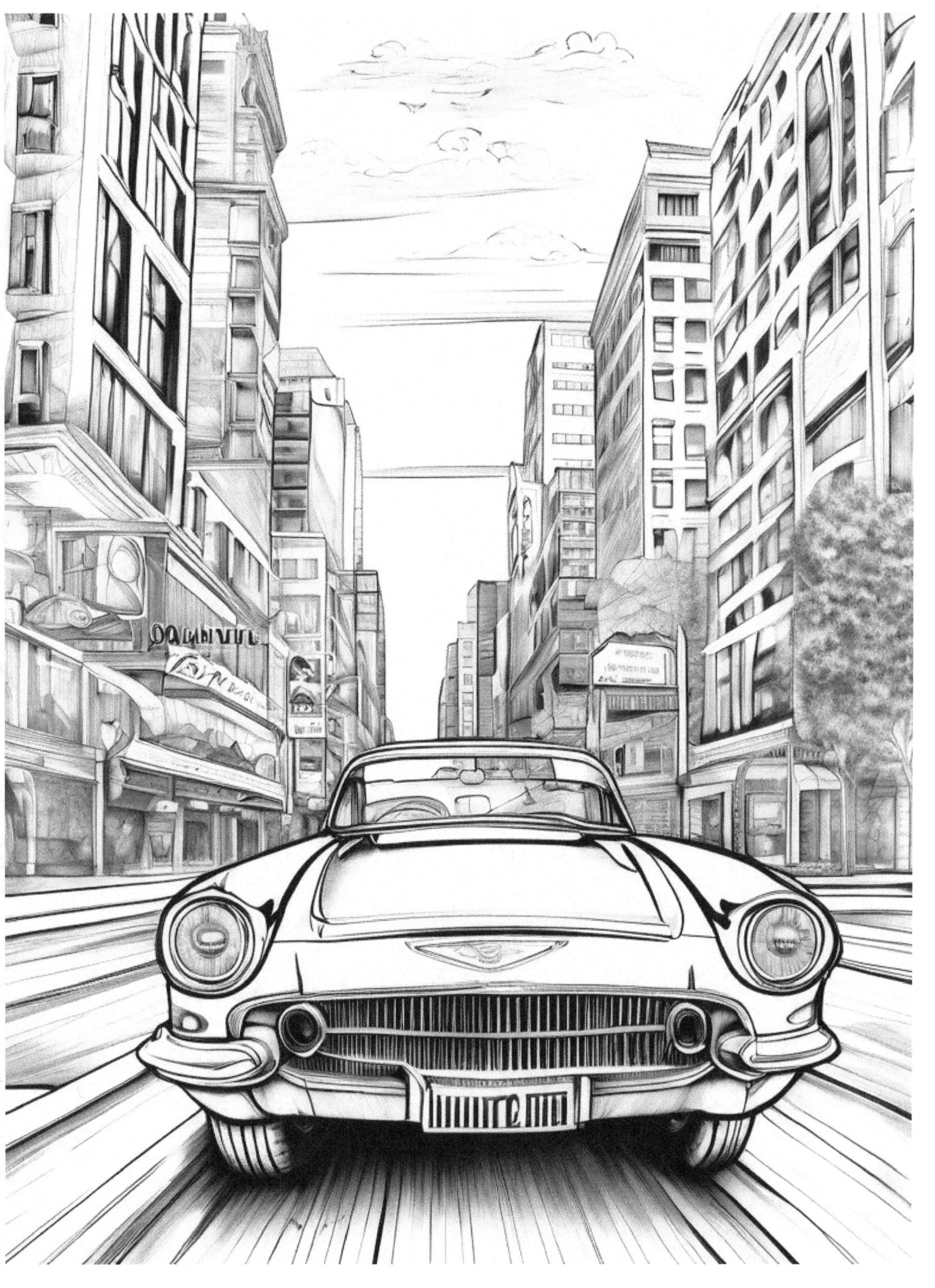

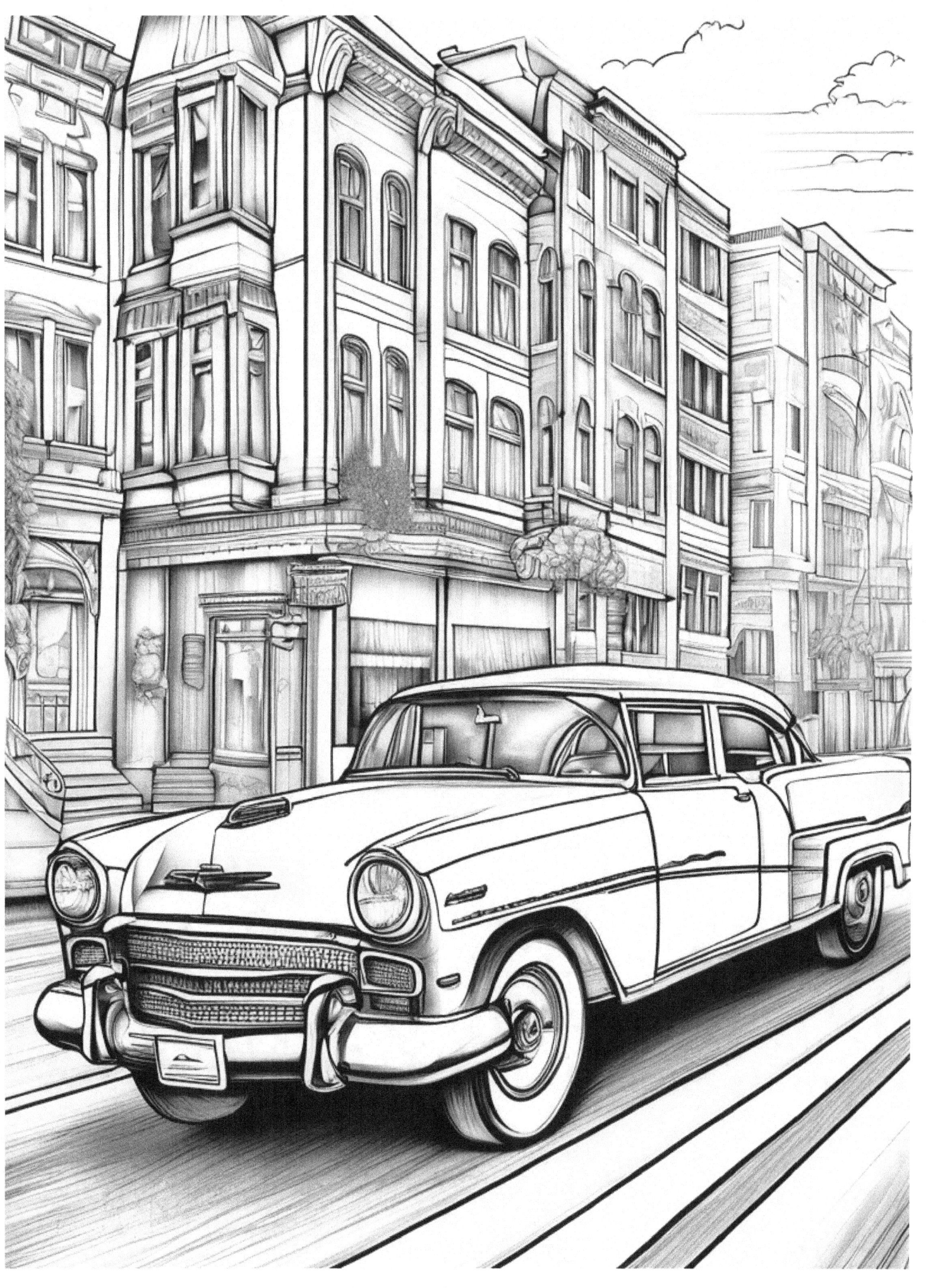

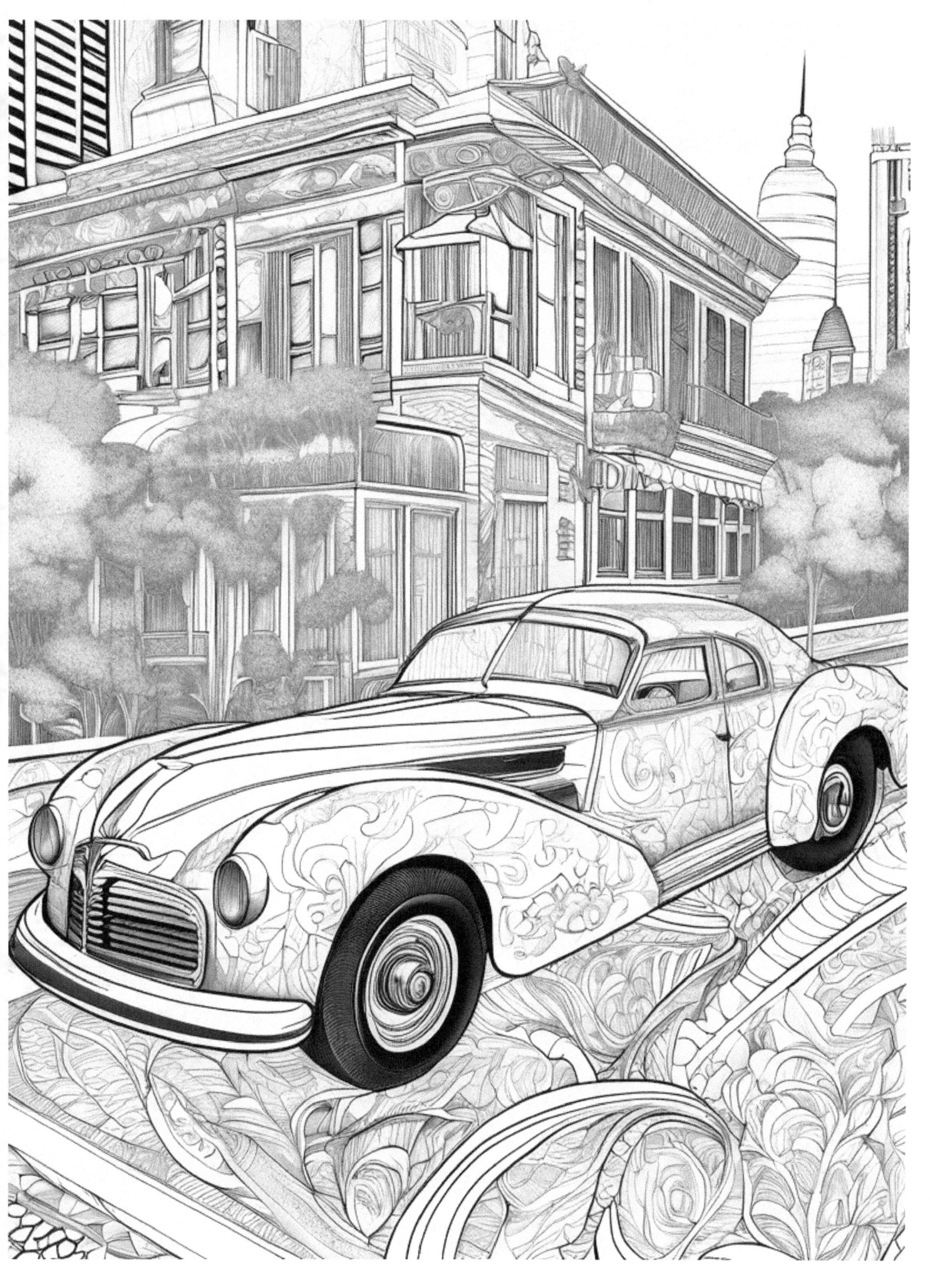

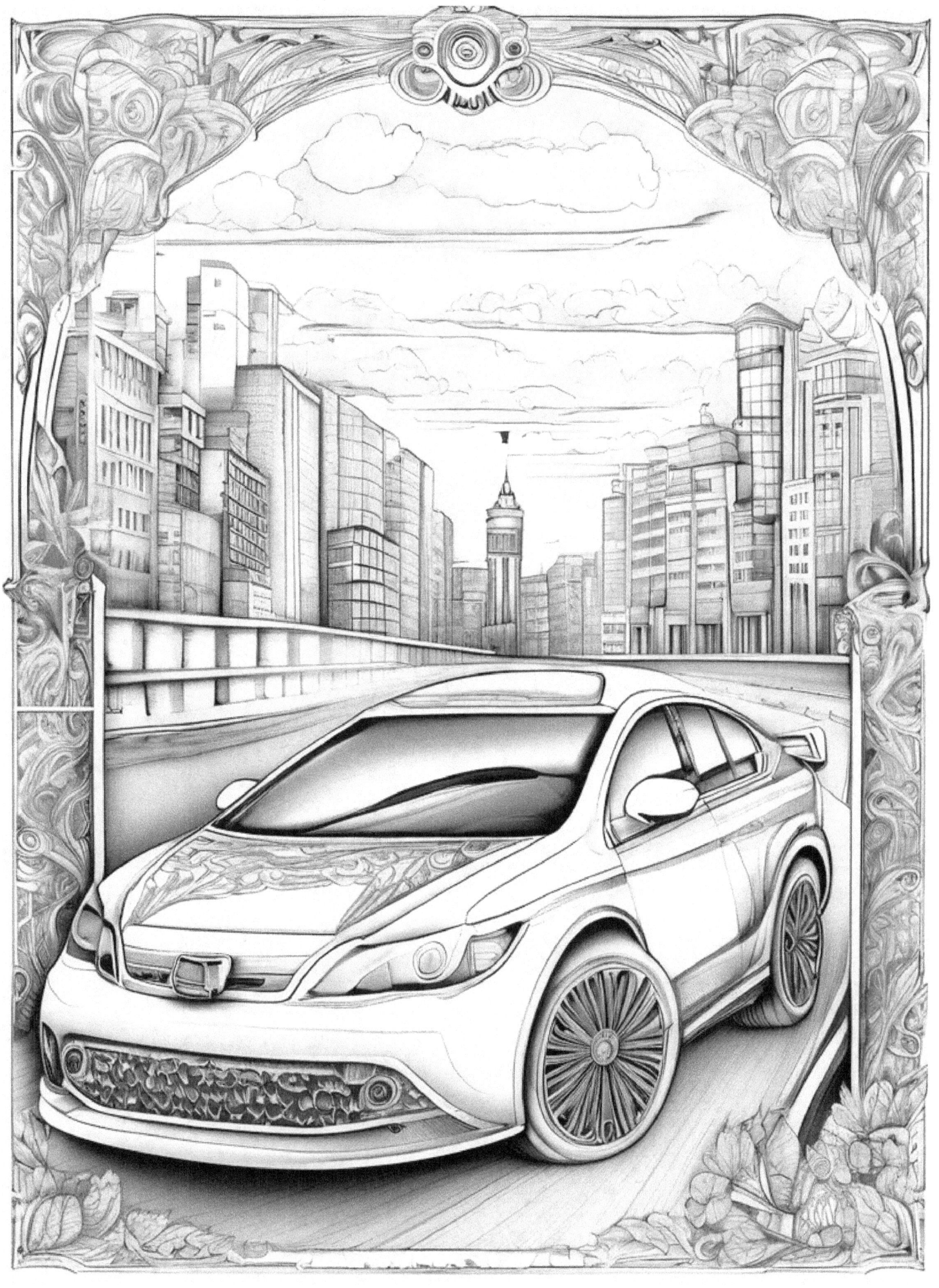

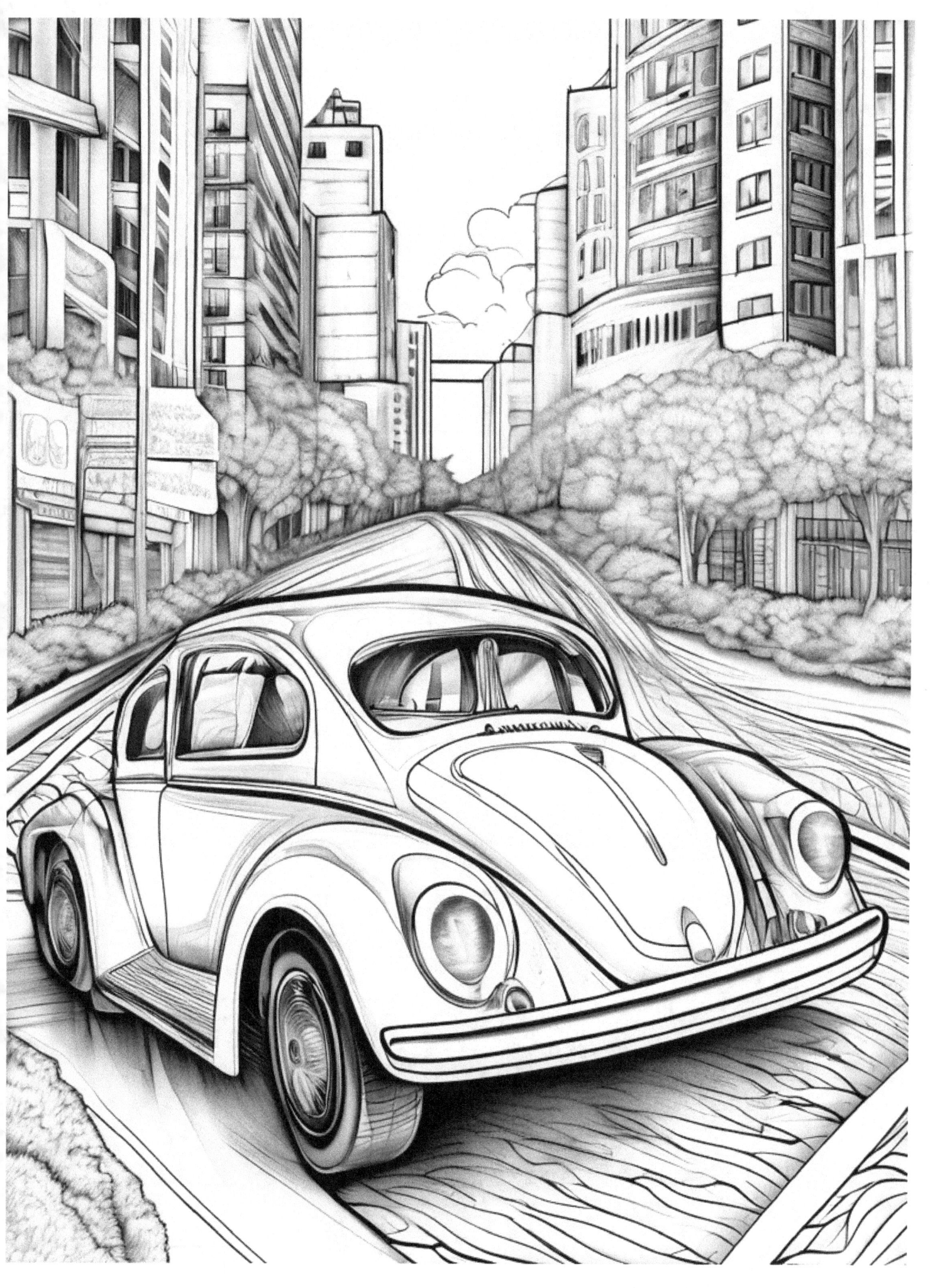

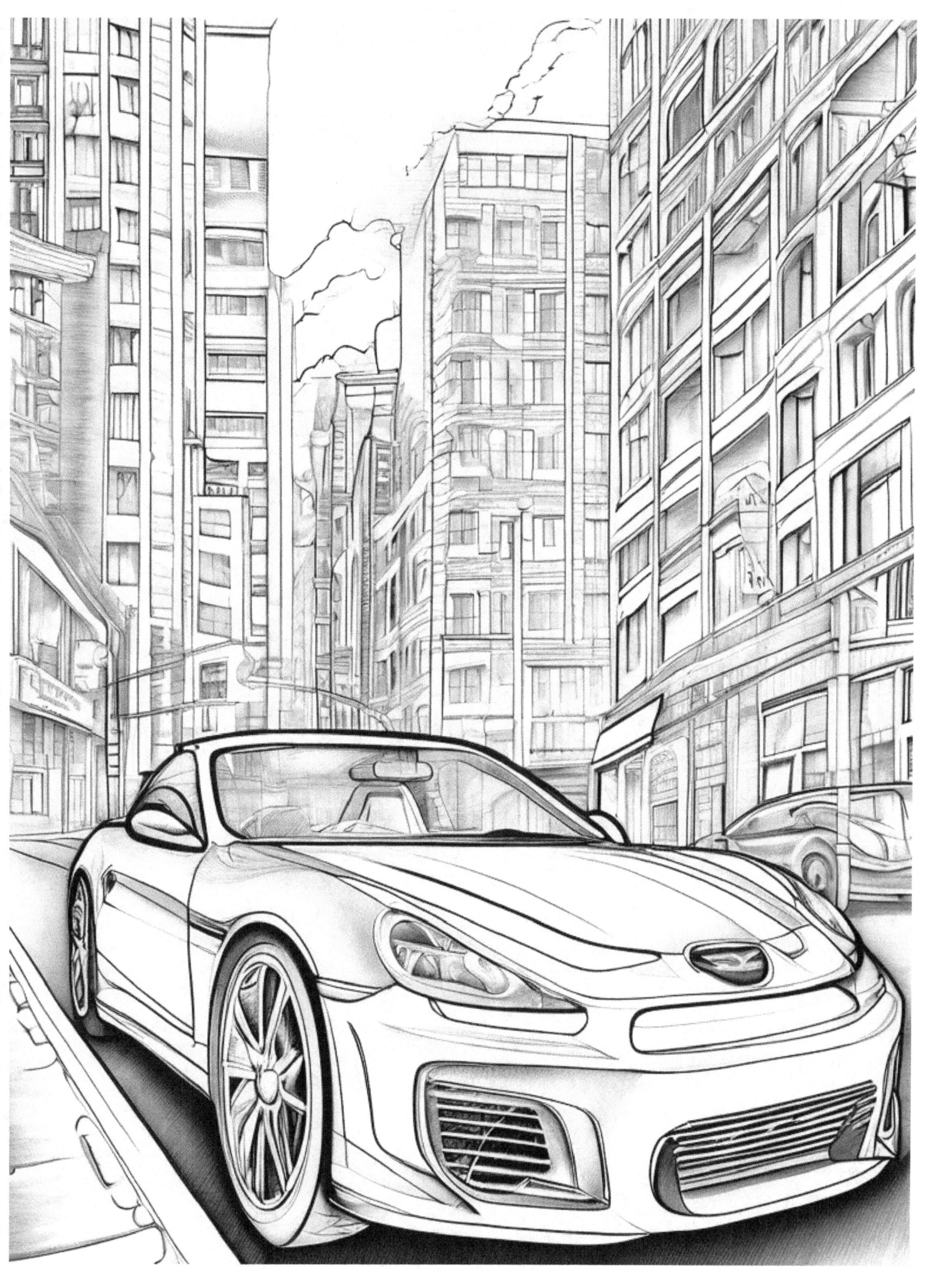

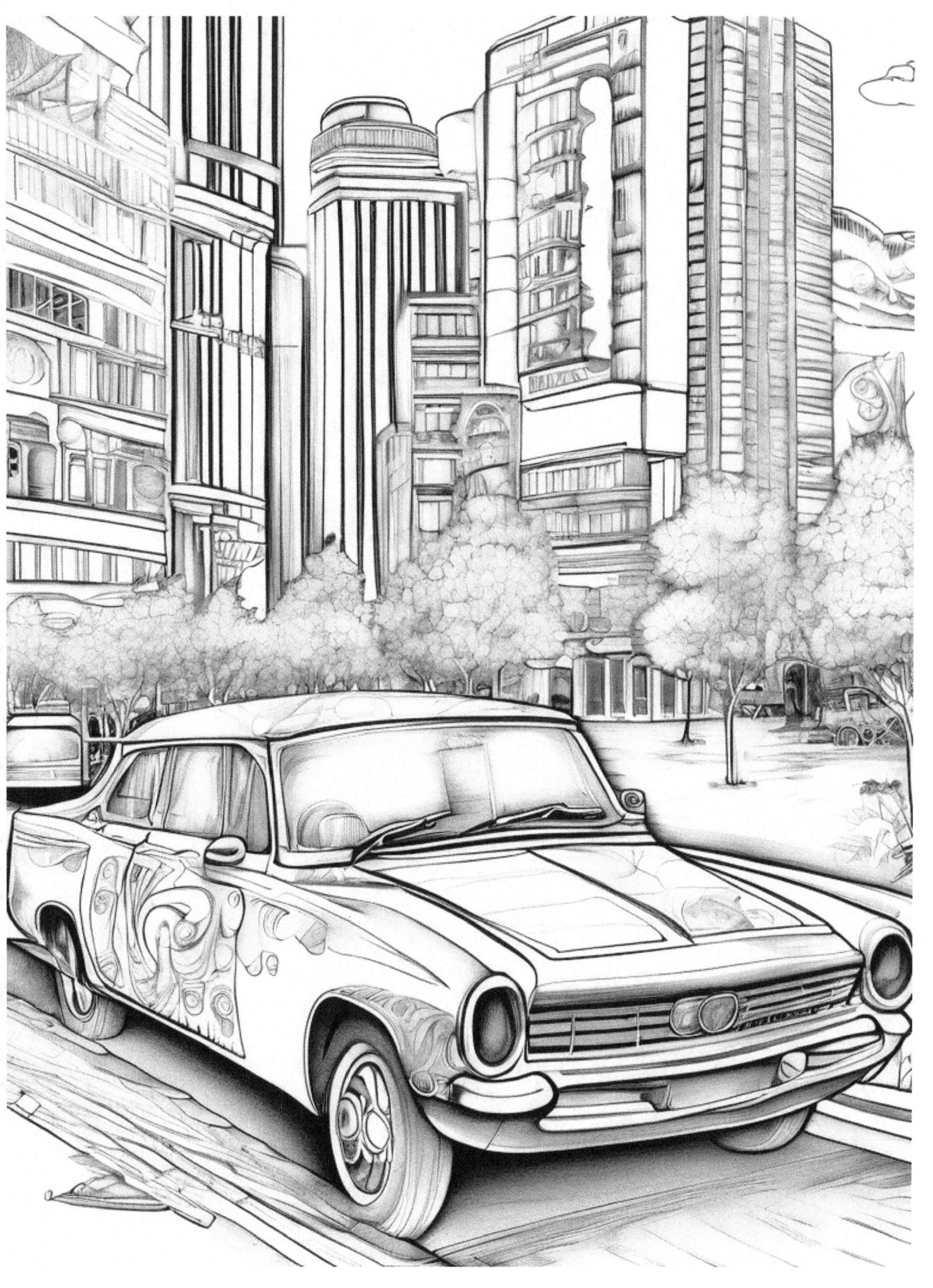

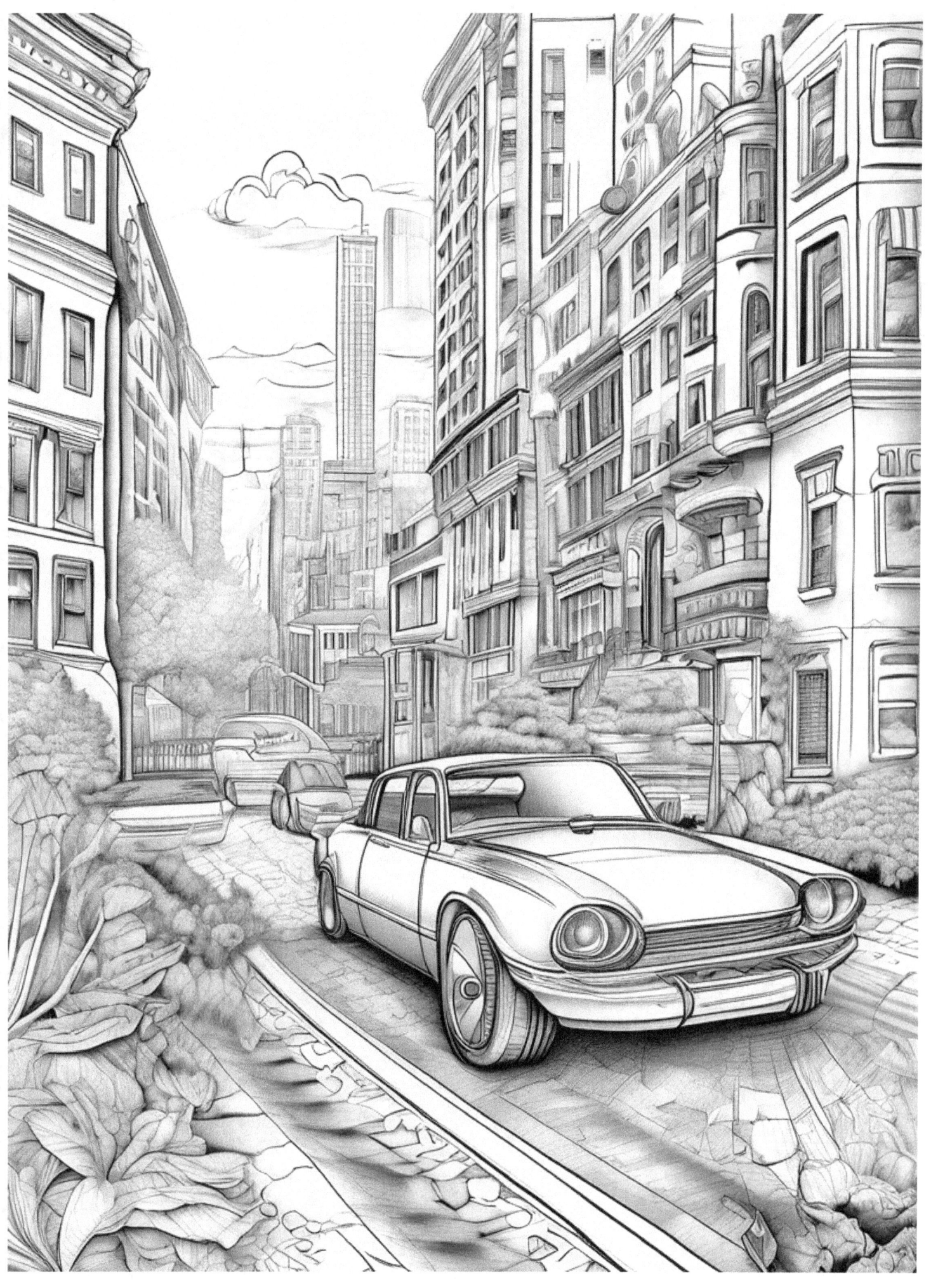

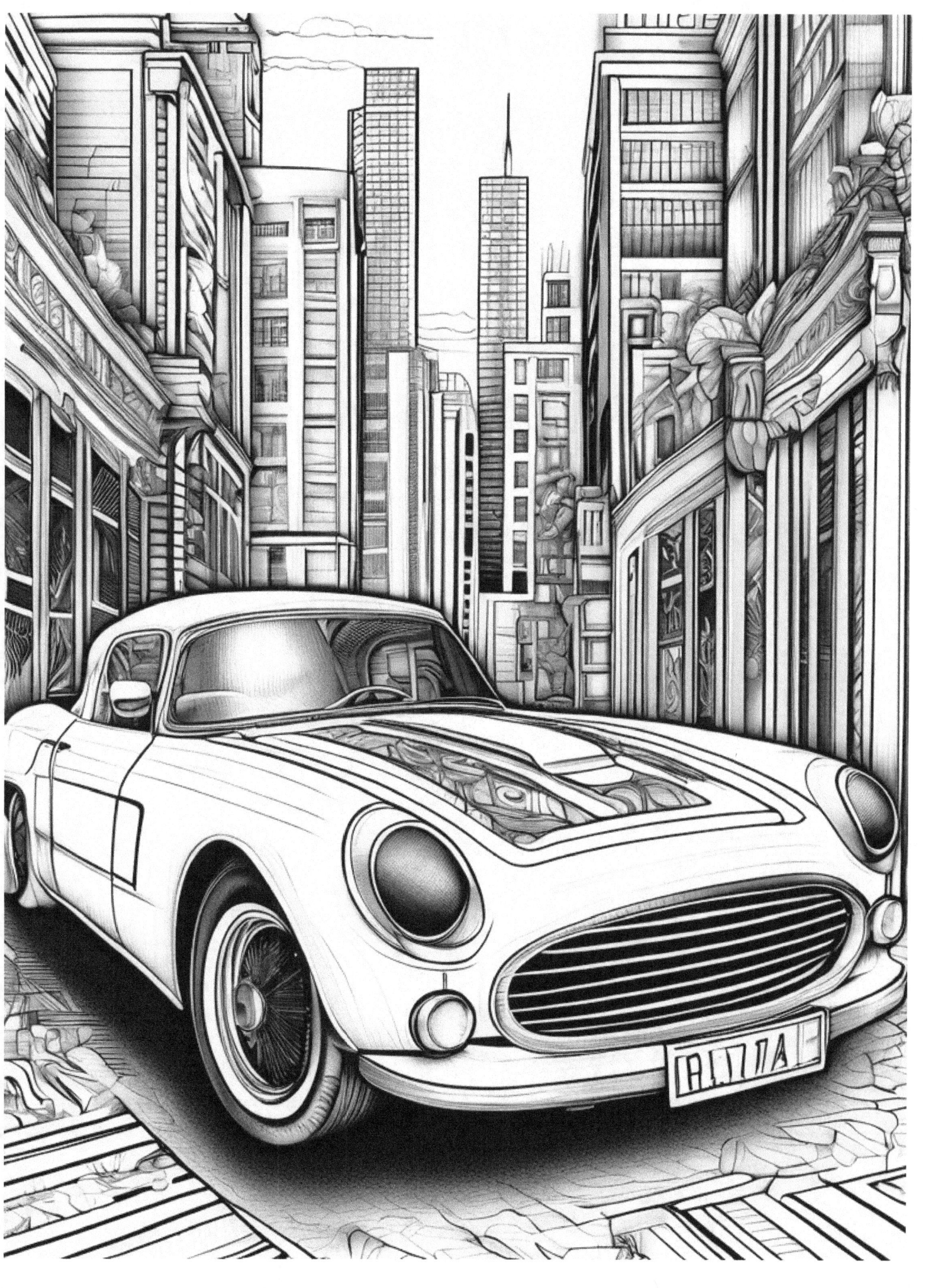

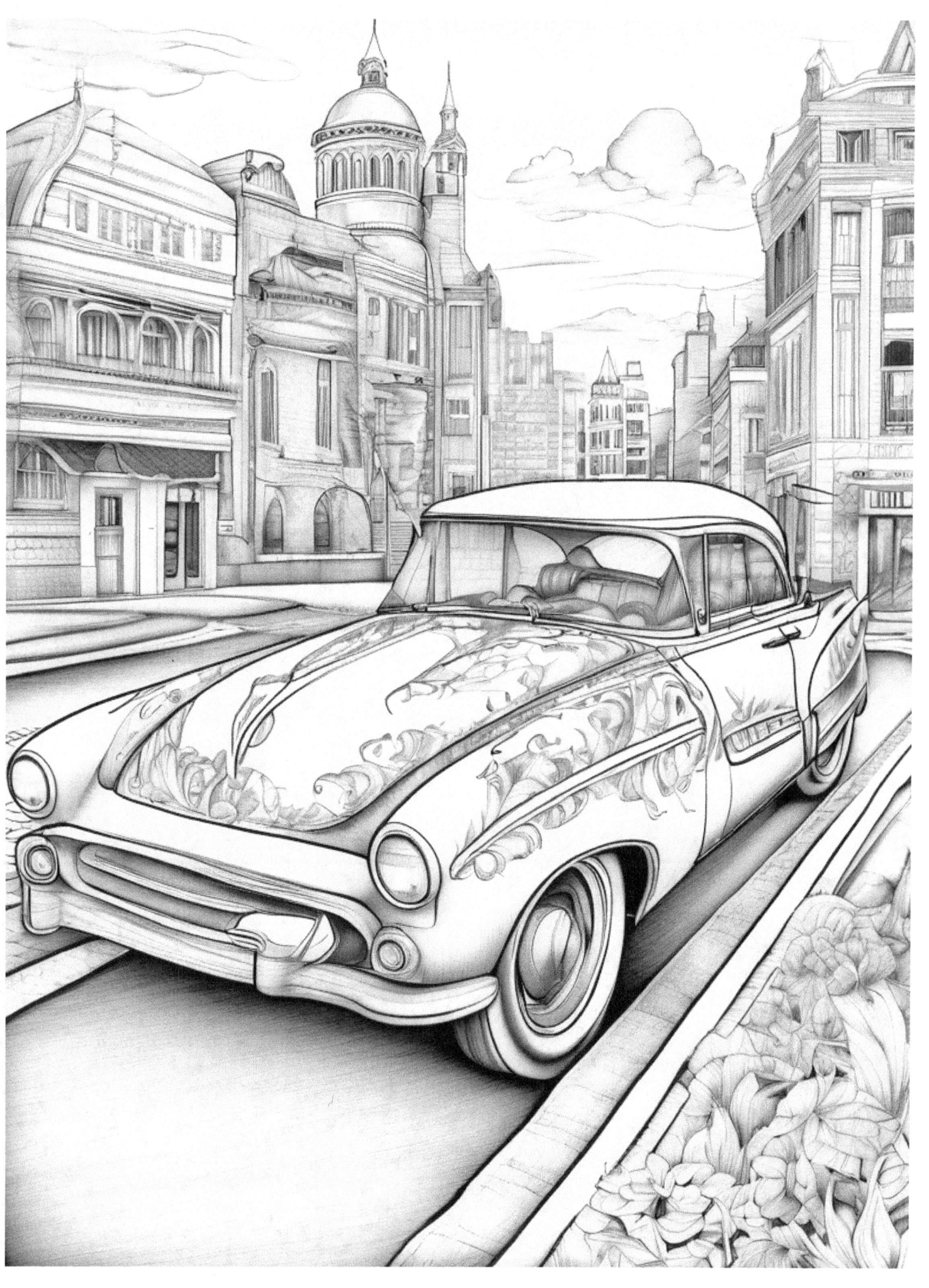

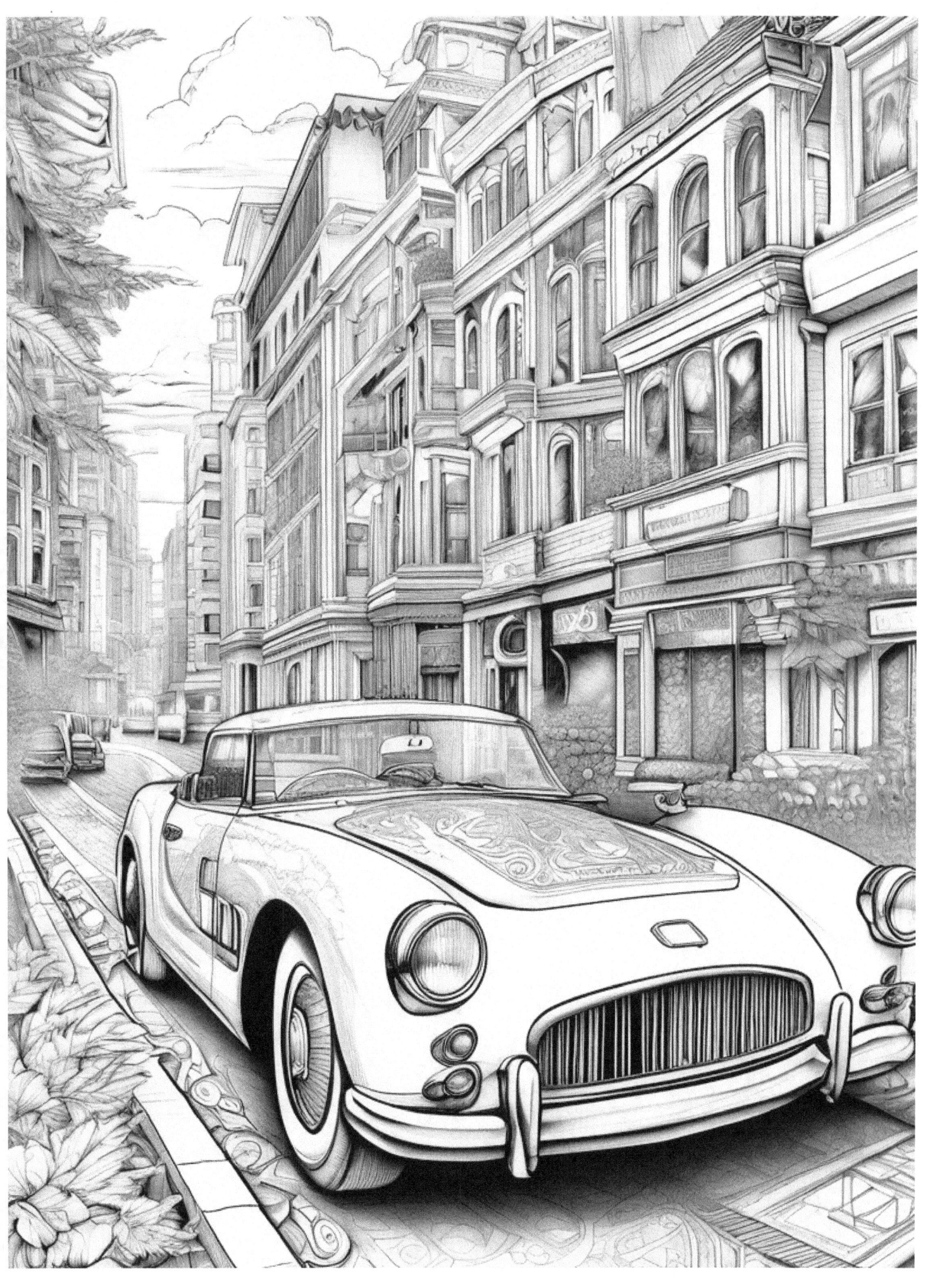

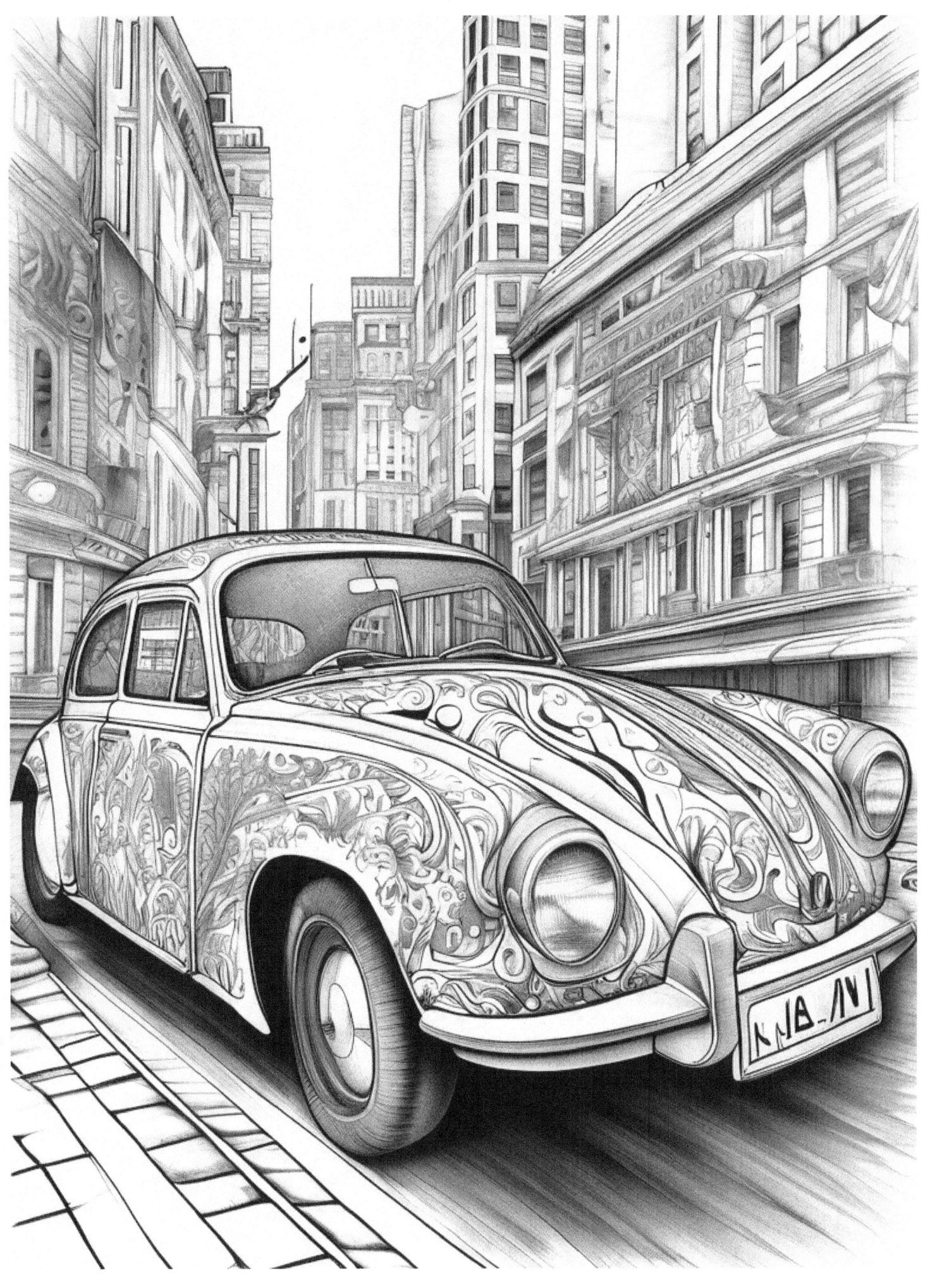

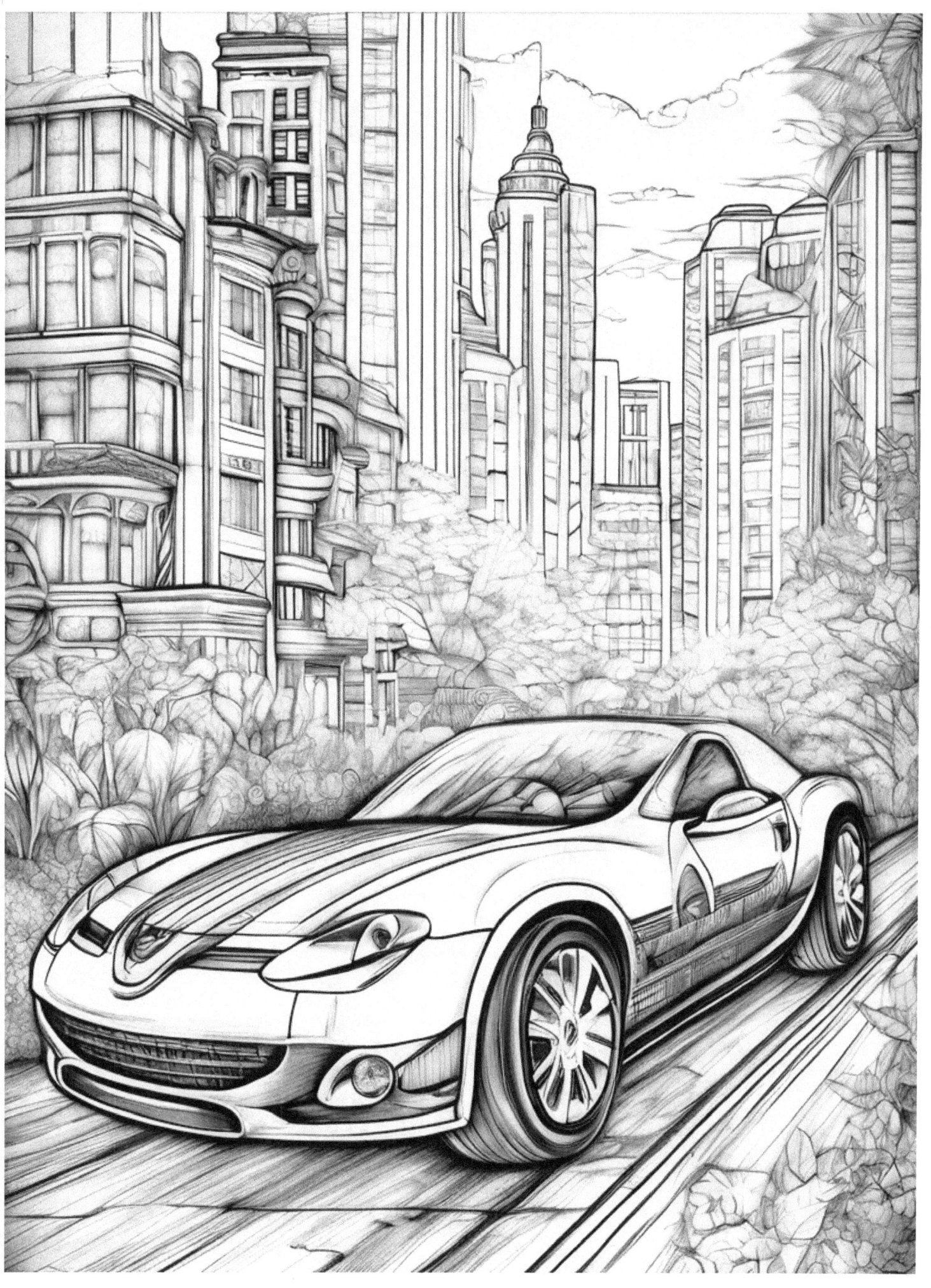

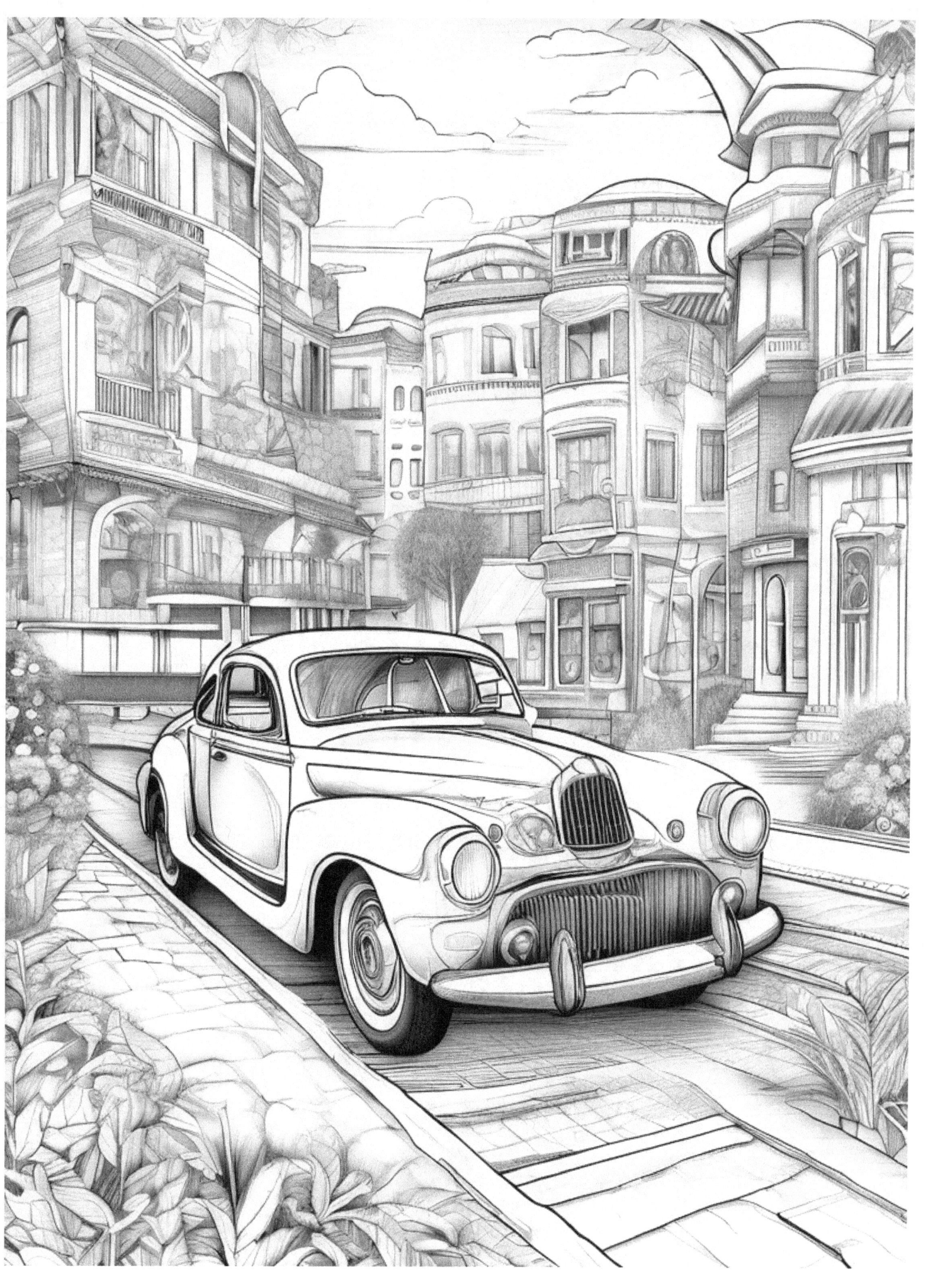

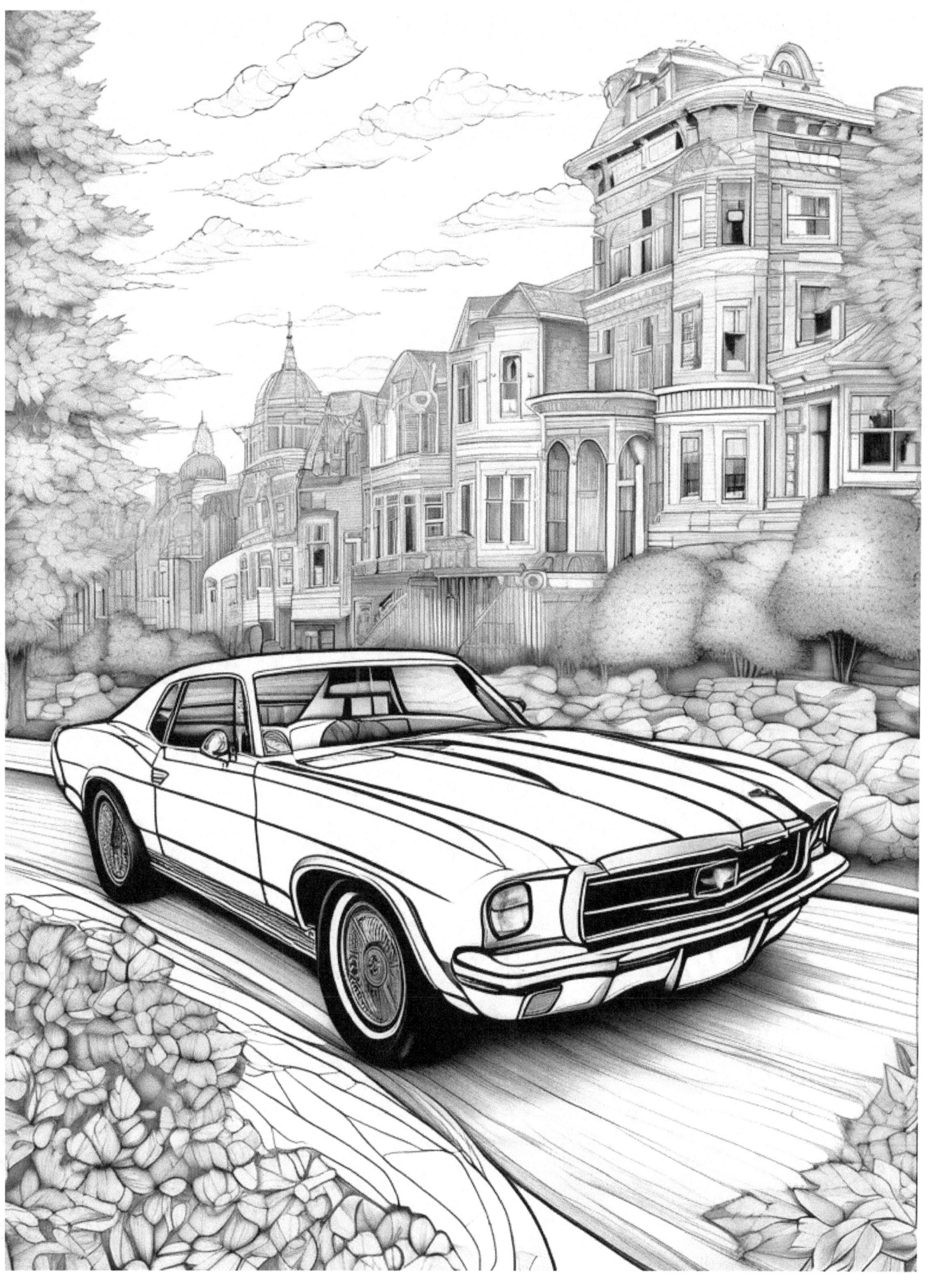

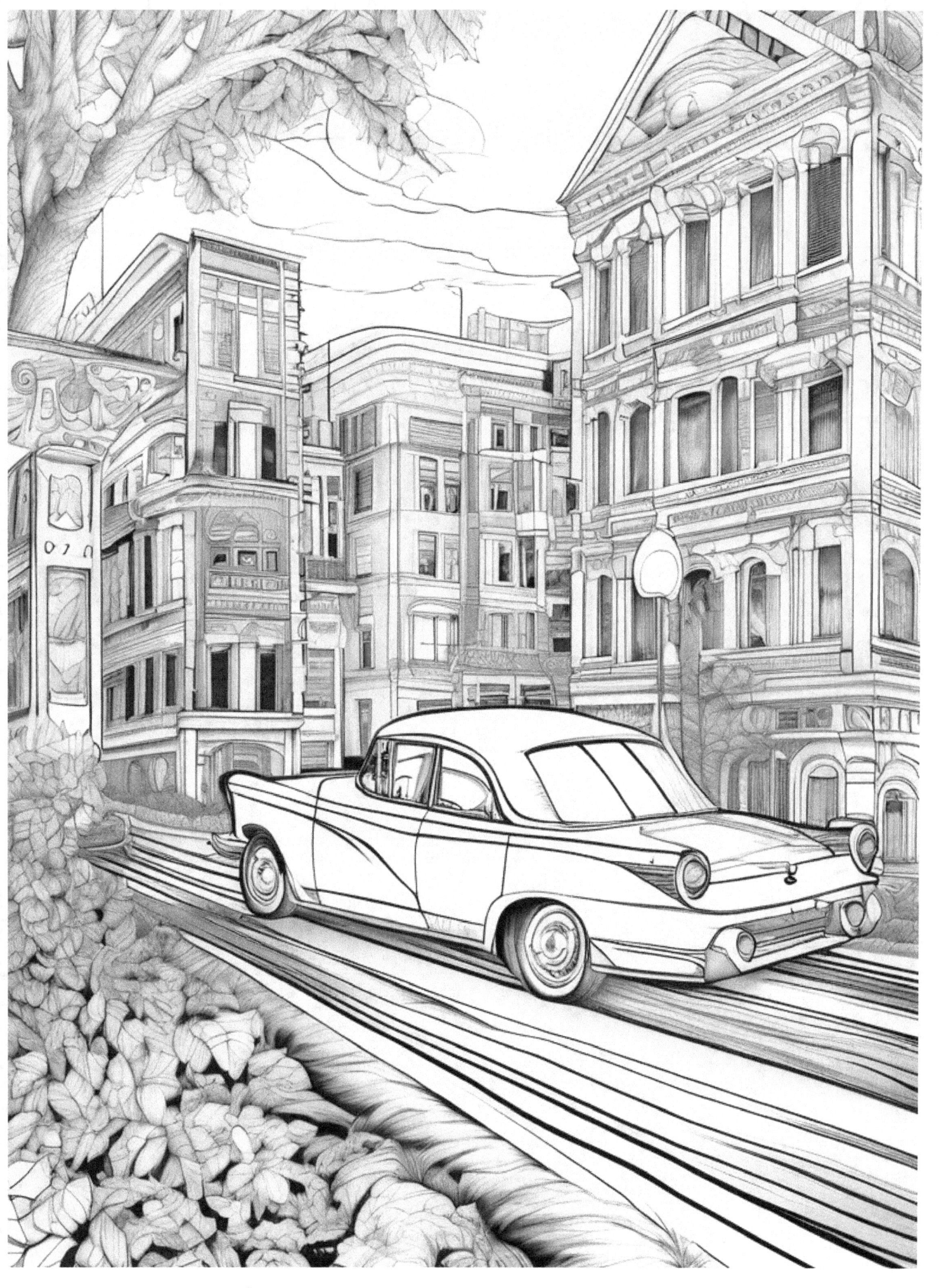

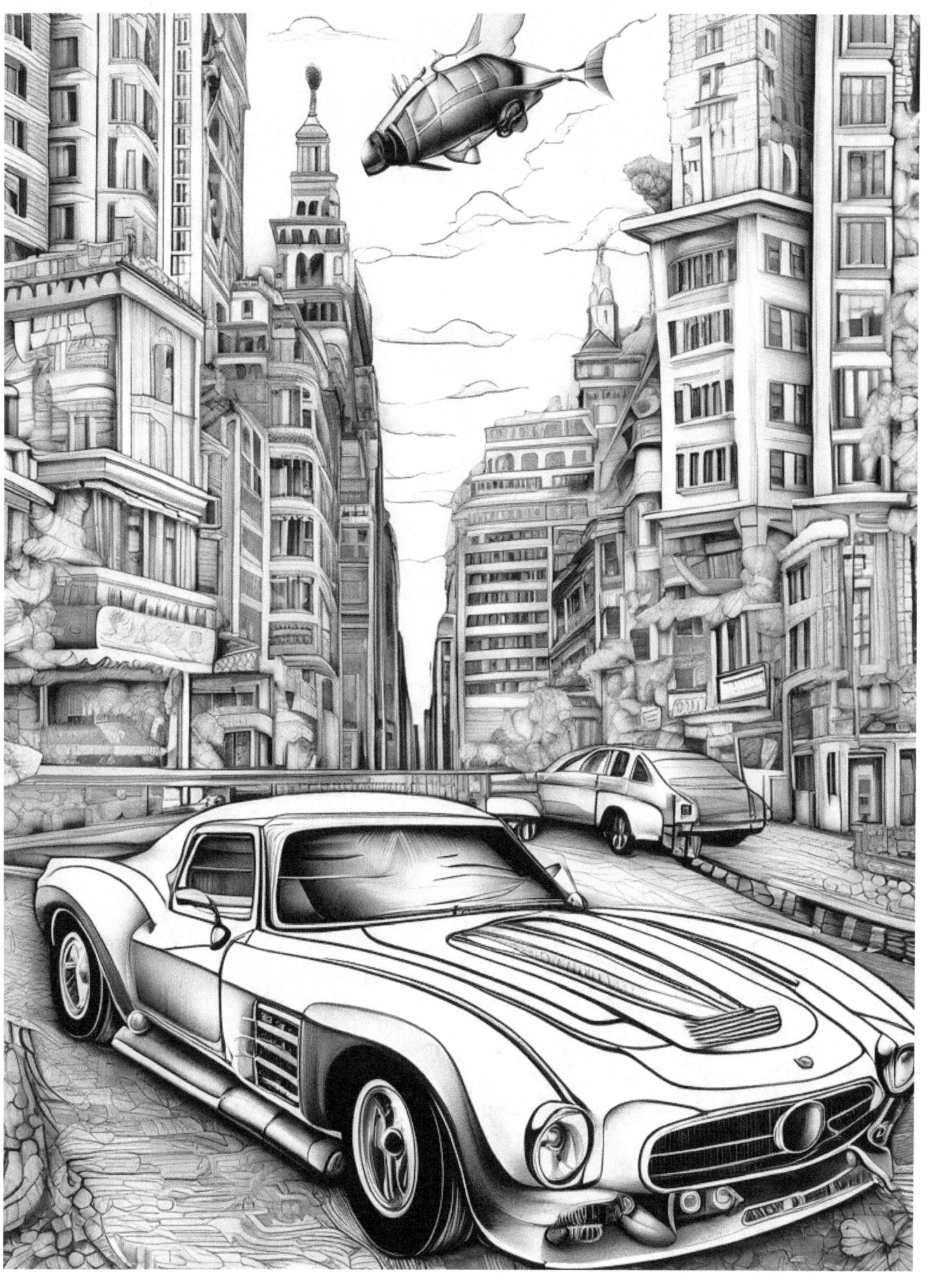

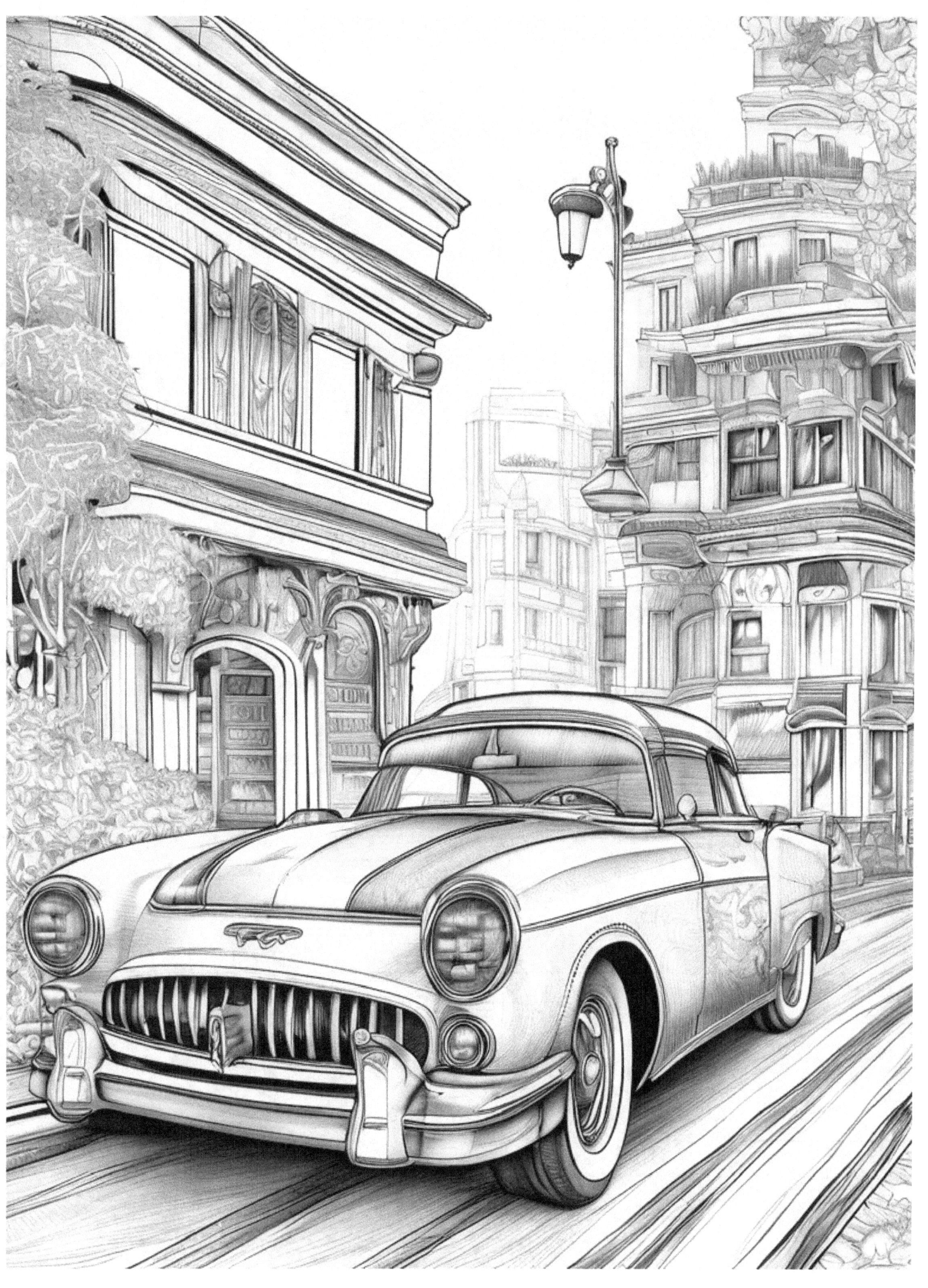

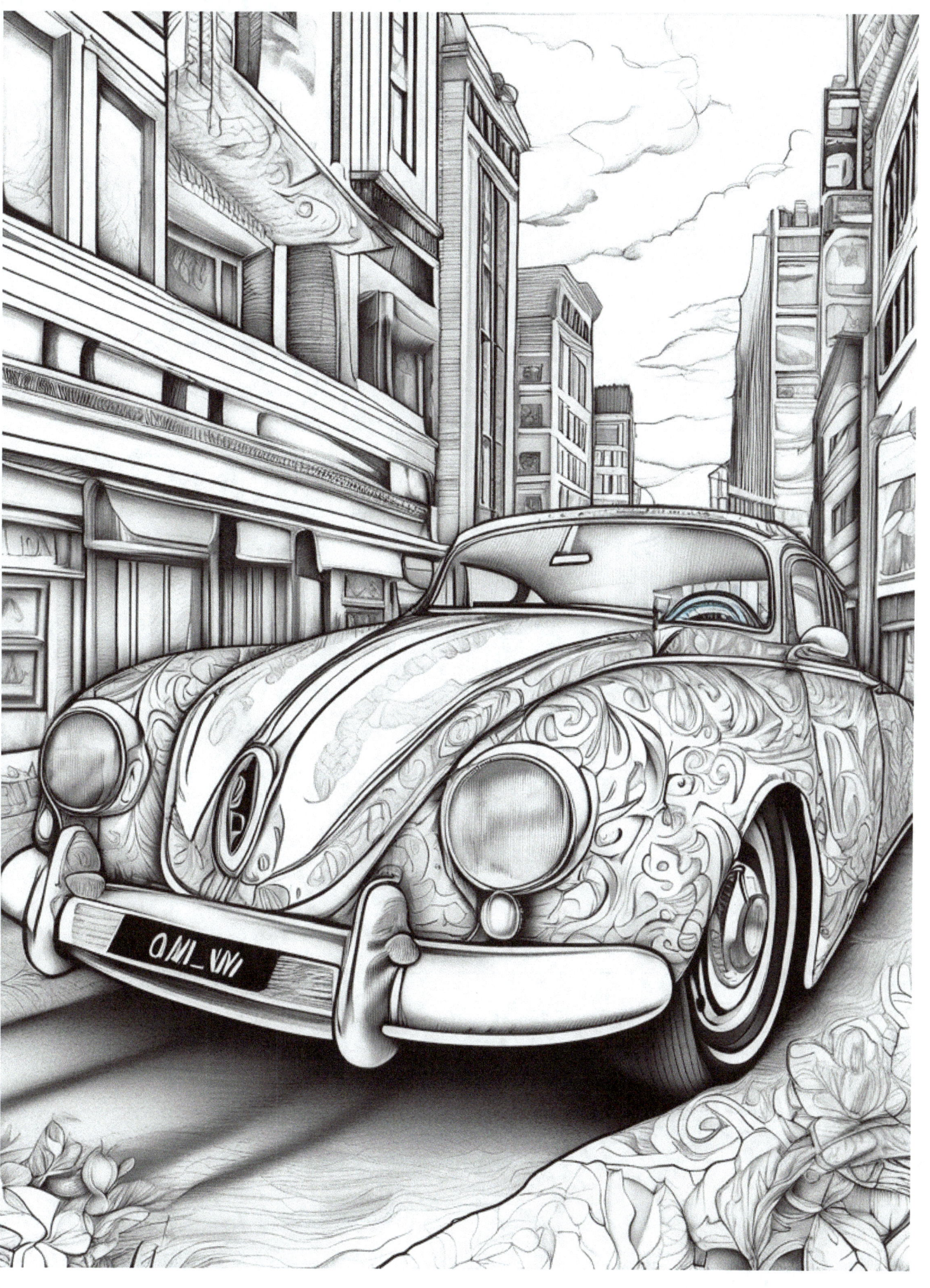

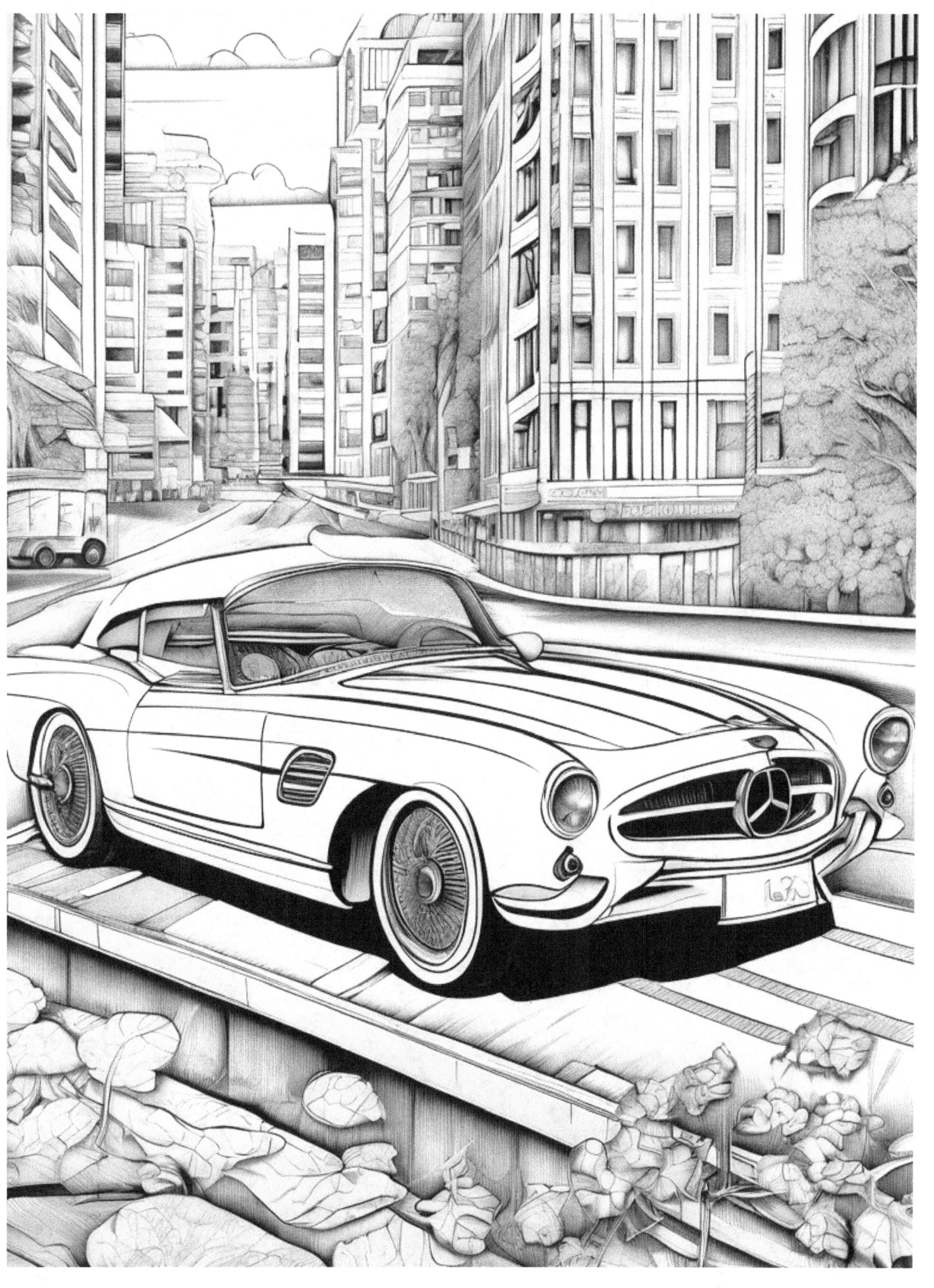

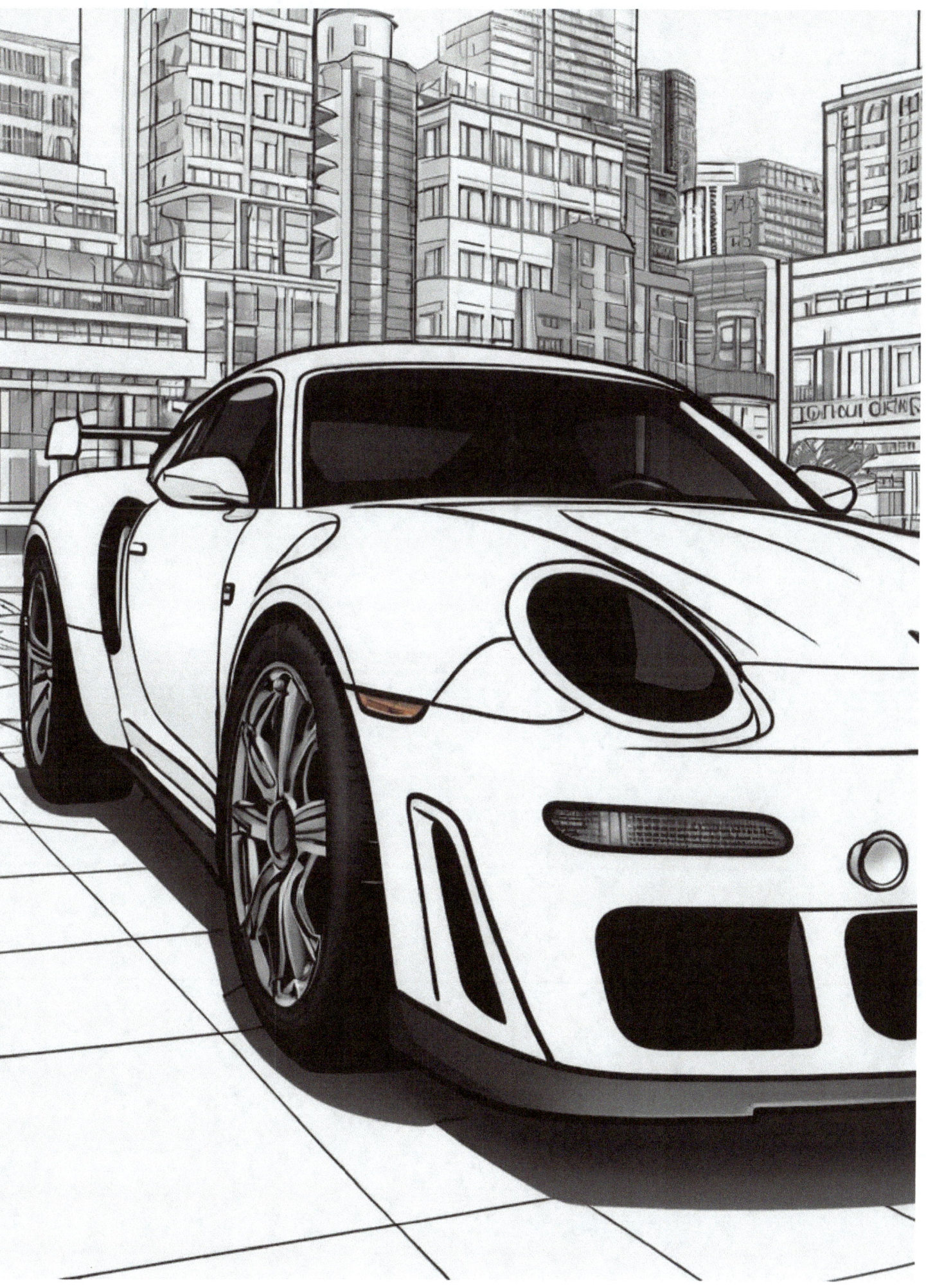

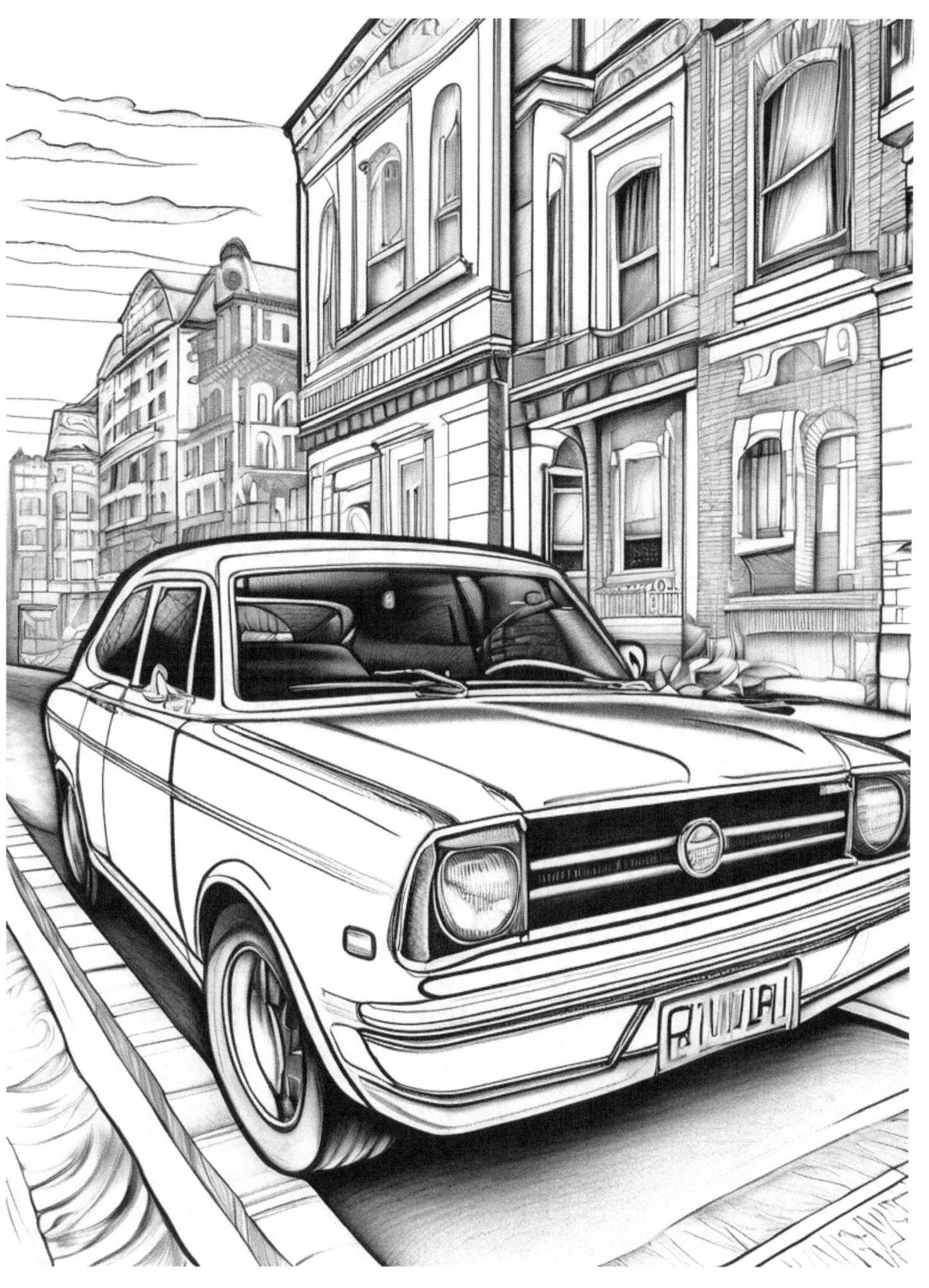

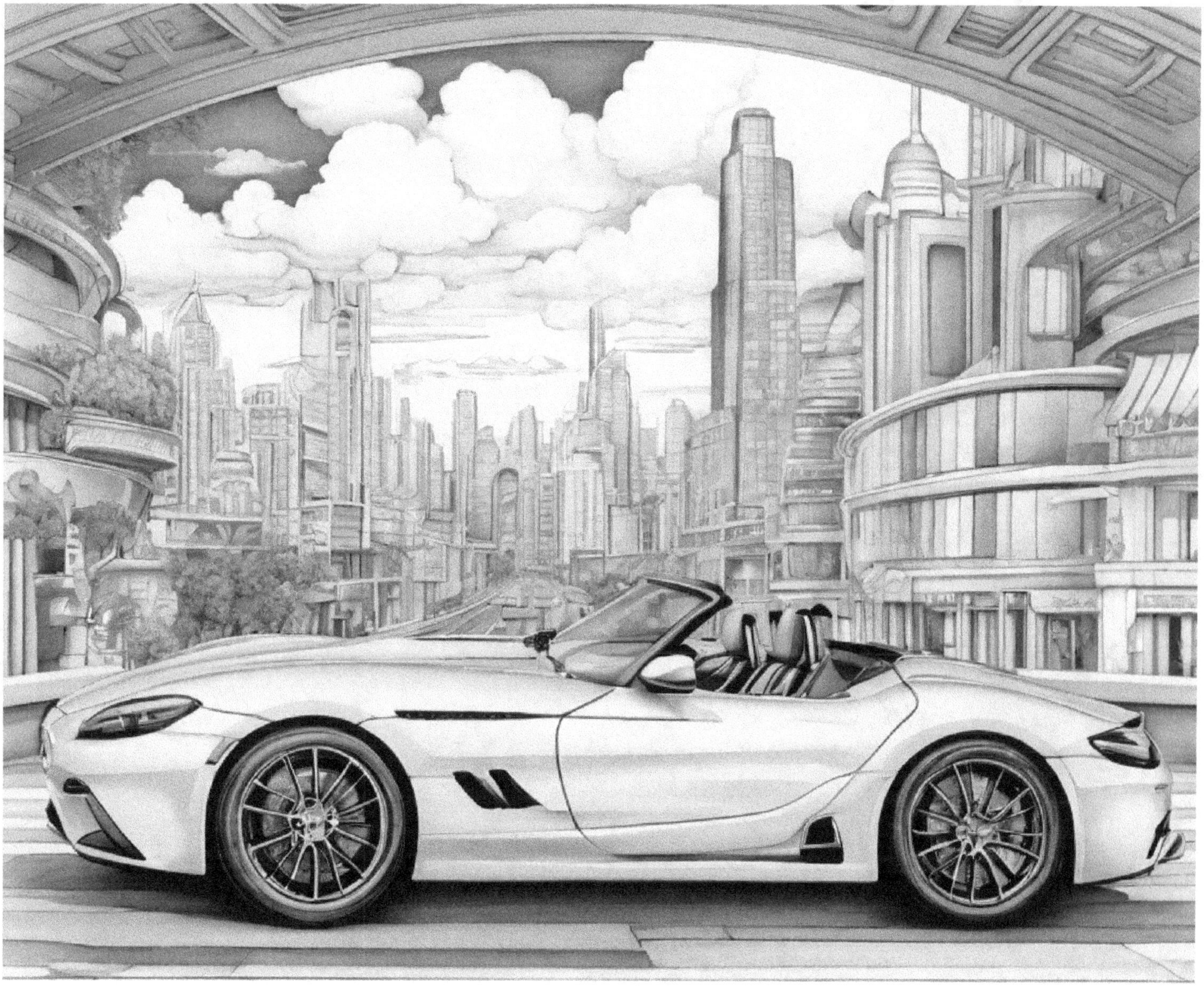

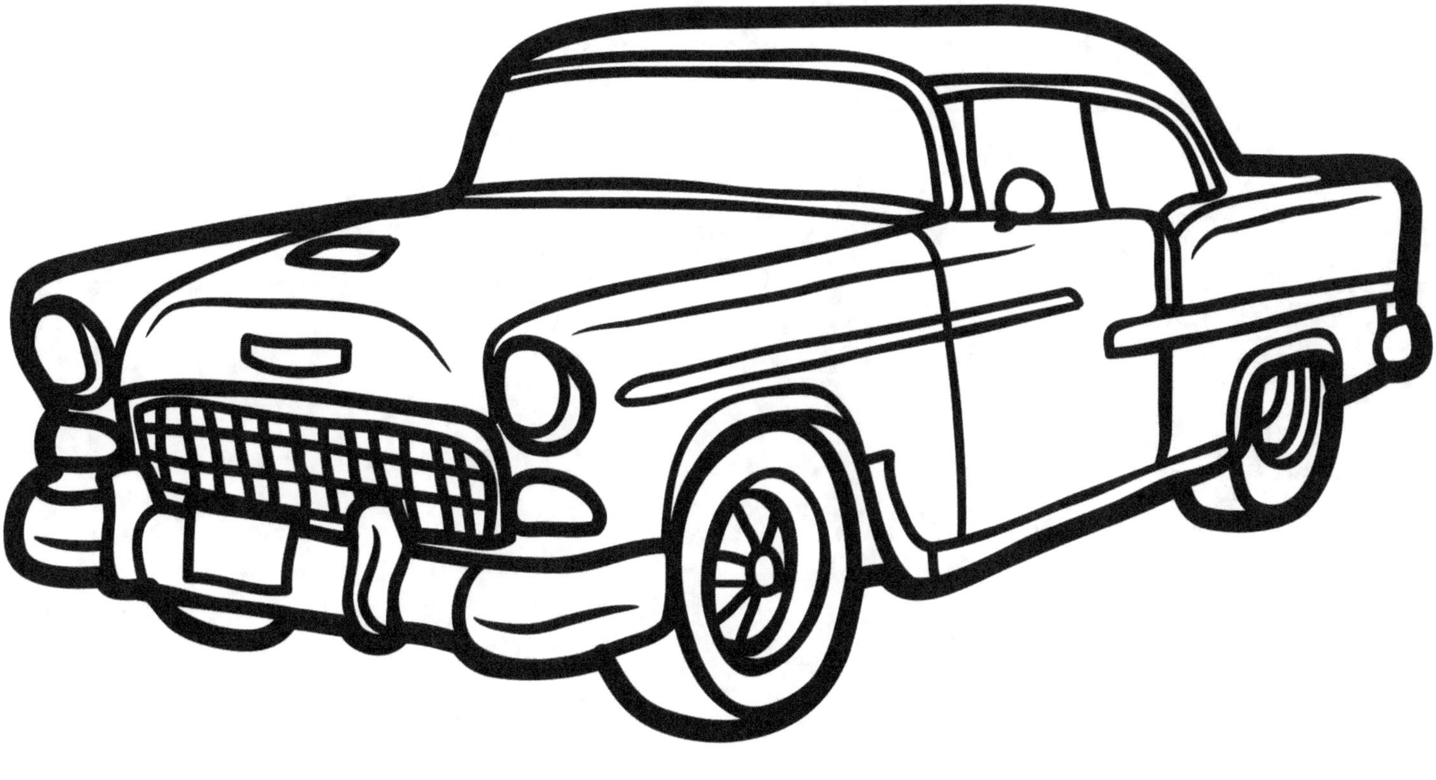

GRATIDÃO

Muito Obrigado

www.ingramcontent.com/pod-product-compliance
Lightning Source LLC
Chambersburg PA
CBHW081142290526
45795CB00006B/2343